Vergaberecht für Stadtwerke

# Jetzt diesen Titel zusätzlich als E-Book downloaden und 70 % sparen!

Als Käufer dieses Buchtitels haben Sie Anspruch auf ein besonderes Kombi-Angebot: Sie können den Titel zusätzlich zum Ihnen vorliegenden gedruckten Exemplar für nur 30 % des Normalpreises als E-Book beziehen.

**Der BESONDERE VORTEIL:** Im E-Book recherchieren Sie in Sekundenschnelle die gewünschten Themen und Textpassagen. Denn die E-Book-Variante ist mit einer komfortablen Volltextsuche ausgestattet!

**Deshalb: Zögern Sie nicht. Laden Sie sich am besten gleich Ihre persönliche E-Book-Ausgabe dieses Titels herunter.**

## In 3 einfachen Schritten zum E-Book:

❶ Rufen Sie die Website **www.beuth.de/e-book** auf.

❷ Geben Sie hier Ihren persönlichen, nur einmal verwendbaren E-Book-Code ein:

### 267116AC46A7A65

❸ Klicken Sie das „Download-Feld" an und gehen dann weiter zum Warenkorb. Führen Sie den normalen Bestellprozess aus.

Hinweis: Der E-Book-Code wurde individuell für Sie als Erwerber dieses Buches erzeugt und darf nicht an Dritte weitergegeben werden. Mit Zurückziehung dieses Buches wird auch der damit verbundene E-Book-Code für den Download ungültig.

# Vergaberecht für Stadtwerke

Dr. Roman Ringwald
Dr. Sascha Michaels
Dr. Desiree M. Jung

# Vergaberecht für Stadtwerke

Leitfaden für die Beschaffungspraxis
kommunaler Unternehmen

1. Auflage 2016

Herausgeber:
DIN Deutsches Institut für Normung e. V.

Beuth Verlag GmbH · Berlin · Wien · Zürich

Herausgeber: DIN Deutsches Institut für Normung e. V.

© 2016 Beuth Verlag GmbH
Berlin · Wien · Zürich
Am DIN-Platz
Burggrafenstraße 6
10787 Berlin

Telefon:   +49 30 2601-0
Telefax:   +49 30 2601-1260
Internet:  www.beuth.de
E-Mail:    kundenservice@beuth.de

Titelbild: © MILA Zed, Benutzung unter Lizenz von shutterstock.com
Satz: B & B Fachübersetzergesellschaft mbH, Berlin
Druck: Drukarnia Leyko, Kraków
Gedruckt auf säurefreiem, alterungsbeständigem Papier nach DIN EN ISO 9706

ISBN            978-3-410-26711-9
ISBN (E-Book)   978-3-410-26712-6

# Inhaltsverzeichnis

# Teil 1    Grundlagen des Vergaberechts (Michaels)

## A. Einleitung

### I. Entwicklung des Vergaberechts

Das Vergaberecht stellt einen Sammelbegriff für eine Vielzahl von Gesetzen und Regelwerken dar, welche das **Verhalten der öffentlichen Hand i. w. S. sowie ausgewählter weiterer Adressaten in ihrer Rolle als Beschaffer von Waren, Dienstleistungen und Bauleistungen** betreffen.

Während das Vergaberecht im deutschen Recht traditionellerweise Bestandteil des Haushaltsrechts war und in erster Linie den sparsamen Umgang mit öffentlichen Mitteln bezweckte, haben sich seine Rolle und sein Anwendungsbereich heute gewandelt[1]. Insbesondere unter dem Einfluss des Rechts der Europäischen Gemeinschaft/Union hat sich der Fokus auf **die Sicherstellung eines freien und unverfälschten Wettbewerbs um öffentliche Aufträge** verschoben[2]. Der öffentliche Sektor, und damit auch die Nachfrage nach Lieferungen und Leistungen durch den Staat oder staatlich kontrollierte Institutionen, stellt einen nicht unerheblichen Wirtschaftsfaktor in der Europäischen Union dar. Deswegen sah man die Einführung einheitlicher Regelungen in Bezug auf solche Beschaffungen für die Entwicklung des Binnenmarktes als notwendig an. Gerade bei Aufträgen mit höheren Werten (auf welche das europarechtlich beeinflusste Kartellvergaberecht nach dem Vierten Teil des Gesetzes gegen Wettbewerbsbeschränkungen (GWB) Anwendung findet), ist dieser marktöffnende und wettbewerbliche Aspekt leitend. Dieser schlägt sich in den gesetzlich normierten **Grundsätzen der Transparenz und Diskriminierungsfreiheit** des Vergabeverfahrens (§ 97 Abs. 1 GWB) nieder. Freilich dient dies in vielen Fällen auch dem haushaltsrechtlichen Zweck der wirtschaftlichen Verwendung öffentlicher Mittel.

Zunehmend werden Aspekte in das Vergaberecht einbezogen, die man früher als „vergabefremde Aspekte" bezeichnete und bei denen heute gerne von **„strategischen Zielen"** die Rede ist. Hierunter fallen etwa die Förderung mittelständischer Interessen, Belange des Umweltschutzes sowie soziale oder innovationsbezogene Aspekte[3]. War man hier zunächst skeptisch, weil diese Gesichtspunkte naturgemäß immer in einen Widerstreit mit dem Prinzip der

---

1    *Fehling* in Pünder/Schellenberg Vergaberecht Kommentar (1. Aufl. 2011), § 97 GWB, Rn. 7.

2    *Fehling* in Pünder/Schellenberg Vergaberecht Kommentar, § 97 GWB, Rn. 7; *Dreher* in Immenga/Mestmäcker Wettbewerbsrecht (5. Aufl. 2014), Vorb. Vor §§ 97 ff. GWB, Rn. 110 ff.

3    Vgl. § 97 Abs. 4 S. 2 GWB.

| | HaushaltsvergabeR | KartellvergabeR |
|---|---|---|
| **Rechtsgrundlagen** | HO, VOB, VOL, VOF Vergabegesetz der Länder | GWB, VgV, SektVO, KonzVgV, VergStatVO, VOB/A, VSVgV |
| **Wer?** | öffentliche Hand | Auftraggeber nach §§ 98 ff. GWB |
| **Stadtwerk?** | Eigenbetriebe, bei vertraglicher Unterwerfung | §§ 99 Nr. 2, 100 Abs. 1 GWB |
| **Schwellenwerte?** | teilweise nach den Vergabegesetzen der Länder; i. ü. Wertgrenzen | § 106 GWB i. V. m. Art. 4 der RL 2014/24/EU; i. V. m. Art. 15 der RL 2014/25/EU; i. V. m. Art. 8 der RL 2009/81/EG; i. V. m. Art. 8 der RL 2014/23/EU |
| **Primärrechtsschutz** | keine Sonderregelungen; nur nach allgemeinem Prozessrecht | §§ 155 ff. GWB |
| **Schadensersatz** | u. U. §§ 241 Abs. 2, 311 Abs. 2 BGB oder § 20 GWB | bei Verletzung bieterschützender Vorgaben |

**Abbildung 1:** Zweiteilung des Vergaberechts

Wirtschaftlichkeit gerieten, hat, nicht zuletzt im Zuge der Finanzkrise 2008 ff., ein Umdenken eingesetzt. So finden sich in den Landesvergabegesetzen der Länder weitgehende Vorgaben zur Einhaltung eines **Mindestlohnes**, zur **Barrierefreiheit** und zur **nachhaltigen Beschaffung**. Andere Beispiele betreffen weitgehende Verpflichtungen zur Ergreifung von **Frauenförderungsmaßnahmen**[4] oder zur **Bekämpfung von Kinderarbeit**[5]. Diese Regeln betreffen häufig auch geringwertigere Aufträge, welche die Schwellenwerte für das Kartellvergaberecht nicht erreichen.

Im Rahmen der Modernisierung des Vergaberechts auf Bundesebene wurden solche Aspekte verstärkt aufgenommen; zudem findet die Bekämpfung der Wirtschaftskriminalität verstärkt Berücksichtigung. Mit dem Inkrafttreten des Mindestlohngesetzes wurde bundesweit ein Mindestlohn eingeführt, den Auftragnehmer ihren Beschäftigten bei der Ausführung öffentlicher Aufträge

---

4   Berlin: § 9 BerlAVG; Bremen: § 19 Abs. 3 Tariftreue- und Vergabegesetz; Niedersachsen: § 12 Abs. 2 Nr. 2 NTVergG; Nordrhein-Westfalen: § 19 TVgG-NRW; Rheinland-Pfalz: § 1 Abs. 3 Satz 2 Nr. 4 LTTG; Sachsen-Anhalt: § 4 Abs. 2 Nr. 3 LVG LSA; Schleswig-Holstein: § 13 SHVgG.

5   Berlin: § 8 Berliner Ausschreibungs- und Vergabegesetz; Bremen: § 18 Abs. 2 Tariftreue- und Vergabegesetz; Hamburg: § 3a HmbVgG; Mecklenburg-Vorpommern: § 11 VgGM-V; Nordrhein-Westfalen: § 18 TVgG-NRW; Rheinland-Pfalz: § 1 Abs. 3 Satz 2 Nr. 3 LTTG; Saarland: § 11 STTG; Sachsen-Anhalt, § 12 LVG LSA; Thüringen: § 11 ThürVgG.

zu zahlen haben[6]. Wie bei vielen neuen Rechtsentwicklungen wird auch hier im Anschluss an eine „Experimentierphase" und eine zuweilen übertriebene Nutzung derartiger Instrumente in der Zukunft vermutlich wieder eine vernünftige Begrenzung eintreten.

## II. Bedeutung des Vergaberechts für Stadtwerke

Wenn über den haushaltsrechtlichen Ursprung des Vergaberechts gesprochen wird, so mag es den unbefangenen Leser zunächst überraschen, warum dies auch für Wirtschaftsunternehmen, mögen diese auch von der öffentlichen Hand gehalten werden, gelten soll.

Der Einkauf von Waren und Dienstleistungen ist für jedes Unternehmen ein wesentliches Glied in der Wertschöpfungskette und kann häufig für den wirtschaftlichen Erfolg entscheidend sein. Das gilt für kommunale Energieversorgungsunternehmen – vereinfachend „Stadtwerke" genannt – wie für jedes andere Unternehmen im Wettbewerb. Sie haben daher einen natürlichen Anreiz, mit ihren finanziellen Mitteln möglichst sparsam und effizient umzugehen.

Für Stadtwerke besteht allerdings die Besonderheit, dass sie als **Bestandteil der öffentlichen Hand im allerweitesten Sinne in erheblichem Umfang dem Vergaberecht unterliegen.** Das führt dazu, dass sie beim Einkauf von Waren und Dienstleistungen in besonderem Maße darauf zu achten haben, in transparenter und diskriminierungsfreier Weise auf dem Markt aufzutreten. Der europäische Gesetzgeber ist dabei davon ausgegangen, dass ein Unternehmen, wenn es von der öffentlichen Hand gehalten wird, sich möglicherweise bei der Auftragsvergabe nicht ausschließlich von wirtschaftlichen Kriterien leiten lässt. Ferner war man der Auffassung, dass sich der Staat (im engeren Sinne) nicht dadurch der Anwendungspflicht vergaberechtlicher Regelungen entziehen können soll, indem er bestimmte öffentliche Aufgaben einfach formell privatisiert, d.h. etwa durch eine GmbH oder eine Aktiengesellschaft erledigen lässt.

Es liegt auf der Hand, dass ein Großteil der vergaberechtlichen Vorgaben für die Anwendung in Behörden und staatlichen Einrichtungen konzipiert wurde und auf unternehmerisch geführte Stadtwerke nur eingeschränkt passt. Diesem Umstand kommt das Sektorenvergaberecht **für Energieversorgungsunternehmen mit bestimmten Erleichterungen in gewissem Umfang entgegen.** Dennoch wird zuweilen die Gefahr einer kostenträchtigen und zeitraubenden Bürokratisierung des Einkaufs von Waren und Dienstleistungen durch ein kommunales Unternehmen gesehen. Oftmals sind diese Befürchtungen aber unbegründet.

---

6    Gesetz zur Regelung eines allgemeinen Mindestlohns (MiLoG).

Vielmehr zeigt sich in der Praxis nicht selten, dass das Unternehmen, welches ein formalisiertes Ausschreibungsverfahren durchführt, auch eine gute Marktübersicht erhält. Ferner erweist sich bei Leistungen, bei denen man zunächst der Meinung sein könnte, es könne nur einer oder wenige Bieter solche anbieten, dass diese doch von einem größeren Kreis von Unternehmen erbracht werden können. Oftmals zeigt sich auch, dass durch einen Vergabewettbewerb günstige Preise erzielt werden können. Indem geschickt von den vergaberechtlichen Möglichkeiten Gebrauch gemacht wird, die das Gesetz vorsieht, sollen auch kommunale Unternehmen in die Lage versetzt werden, unter Einhaltung strikter Verfahrensregeln, wirtschaftliche Ergebnisse zu erzielen und damit zum Unternehmenserfolg beizutragen. An dieser Stelle darf darauf hingewiesen werden, dass auch private Unternehmen sich Regeln über den Einkauf setzen, um etwa **Korruption und Vetternwirtschaft** zu verhindern und Schaden für das Unternehmen abzuwenden. Eigene Compliance-Regeln sind in solchen Zusammenhängen oft hilfreich.

Wegen des **vergaberechtlichen Rechtsschutzes,** d. h. der Möglichkeit, von Unternehmen die Auftragsvergaben auf ihre Rechtsförmlichkeit überprüfen zu lassen, **bestehen Risiken für eine zeitgerechte Auftragsdurchführung.** Die Einhaltung des Vergaberechts ist deshalb auch im Interesse einer termingerechten Beschaffung, namentlich bei einem Investitionsvorhaben, unabdingbar.

## III.  Ziel des Leitfadens

Dieser **speziell auf Stadtwerke zugeschnittene Praxisleitfaden** soll der Gefahr einer unnötig bürokratischen Beschaffung und den Risiken im Zusammenhang mit einer Beschaffung begegnen und eine ökonomische, nachhaltige und rechtssichere Beschaffung in kommunalen Stadtwerken erleichtern. Dabei werden zentrale Regelungen des Vergaberechts im Sinne einer praxisnahen Hilfestellung erläutert und eine vergaberechtskonforme Vorgehensweise auf allen Etappen des Beschaffungsprozesses vorgezeichnet.

## IV.  Chancen einer Anwendung und Risiken einer Nicht-Anwendung des Vergaberechts

Die Einhaltung des Vergaberechts durch ein Stadtwerk sollte, wie ausgeführt, nicht ausschließlich als bürokratisches Hindernis betrachtet werden. Bei einer professionellen und effizienten Anwendung der Regeln können häufig wirtschaftliche Vorteile erzielt werden, die andernfalls nur schwer zu erreichen wären. Nicht umsonst gehen auch privatwirtschaftliche Konzerne teilweise freiwillig zu einem Einkaufswesen über, das dem öffentlichen Vergaberecht weitgehend angenähert ist.

Zudem kann die **Missachtung der vergaberechtlichen Normen** durch den Auftraggeber **erhebliche rechtliche Konsequenzen** nach sich ziehen. Die Konsequenzen können nicht nur **aufsichtsrechtlicher Natur,** verbunden mit möglichen disziplinarischen Maßnahmen gegen die zuständigen Vergabeorgane, sein. Sie können auf den Bestand des Vertrages selbst durchschlagen, sobald es sich um eine Vergabe mit einem Auftragswert oberhalb der Schwellenwerte handelt. Dies wiederum kann zu langwierigen Rechtsstreitigkeiten, verzögerten Projekten und Zusatzkosten führen. Außerdem gerät die Einhaltung des Vergaberechts zunehmend in den Fokus der **Compliance-Prüfung von Wirtschaftsprüfern und kommunalen Aufsichtsbehörden.**

## B. Grundsätze des Vergaberechts

Die Grundsätze des Vergaberechts lassen sich im Wesentlichen wie folgt zusammenfassen: Der öffentliche Auftraggeber ist zu **einer möglichst transparenten und diskriminierungsfreien Beschaffung** im Wettbewerb nach **dem Prinzip der Wirtschaftlichkeit** verpflichtet[7]. Im Einzelnen zählen zu den zentralen vergaberechtlichen Grundsätzen folglich der **Wettbewerbs- und der Transparenzgrundsatz sowie der Gleichbehandlungsgrundsatz (Diskriminierungsverbot).** Sie gelten sowohl für das Vergabeverfahren im engeren Sinne als auch für die Zuschlagskriterien[8]. Zu nennen sind außerdem **der Grundsatz wirtschaftlicher Beschaffung** sowie der **Grundsatz der Berücksichtigung mittelständischer Interessen.** Mit der Reform des Vergaberechts durch das Vergaberechtsmodernisierungsgesetz[9], durch die der Teil 4 des GWB völlig neu gefasst wurde, sind zwei weitere Grundsätze ausdrücklich niedergelegt worden: zum einen der **Grundsatz der Verhältnismäßigkeit** (§ 97 Abs. 1 Satz 2 2. Alt. GWB n. F.) und zum anderen **der Grundsatz der elektronischen Kommunikation** (§ 97 Abs. 5 GWB n. F.).

Ausgangspunkt und Rahmen des nationalen Vergaberechts bildet das europäische Recht[10]. Die Mitgliedstaaten müssen bei der Beschaffung von Waren und Dienstleistungen das EU-Primärrecht und die Vergaberichtlinien beachten[11].

Unionsrechtliche Grundlage ist zunächst das europäische Primärrecht, also die europäischen Gründungsverträge, heute der Vertrag über die Arbeitsweise der

---

7   *Schütte/Horstkotte* u. a., Vergabe öffentlicher Aufträge, S. 2; *Loewenheim/Meessen* u. a. Bungenberg, KartellR, § 97 GWB Rn. 1.

8   *Pünder/Schellenberg-Fehling*, VergabeR, § 97 Rn. 44.

9   Gesetz zur Modernisierung des Vergaberechts vom 17.2.2016, BGBl. I, S. 203.

10  *Schütte/Horstkotte* u. a., Vergabe öffentlicher Aufträge, S. 11.

11  *Danner/Theobald-Marx*, WettbewerbsR/VergabeR, 162. Vergaberecht für Versorgungsbetriebe Rn. 22.

Europäischen Union (AEUV) und der Vertrag über die Europäische Union (EUV)[12]. Für das Vergaberecht sind hier namentlich das allgemeine **Diskriminierungsverbot** (Art. 18 AEUV) und die **Grundfreiheiten** (freier Warenverkehr, Art. 28 ff. AEUV; Arbeitnehmerfreizügigkeit, Art. 45 AEUV; Niederlassungsfreiheit, Art. 49 AEUV; freier Dienstleistungsverkehr, Art. 56 AEUV und freier Kapitalverkehr, Art. 63 ff. AEUV) relevant[13]. Im Mittelpunkt stehen freilich die Dienstleistungsfreiheit und die Niederlassungsfreiheit. Aus diesen Vorschriften leitet der EuGH die primärrechtlichen Grundsätze der Gleichbehandlung und der Transparenz ab[14]. Eigenständige Bedeutung erlangt das Primärrecht in Bereichen außerhalb des Anwendungsbereichs der Vergaberichtlinien, nämlich bei Aufträgen unterhalb der Schwellenwerte, bei Beschaffungen in ausgenommenen Sachbereichen und bislang[15] bei der Vergabe von Dienstleistungskonzessionen.

Eine weitere unionsrechtliche Prägung erfährt das deutsche Vergaberecht durch das europäische Sekundärrecht in Form **von umsetzungsbedürftigen Vergaberichtlinien**[16]. Am 17. April 2014 trat das neue EU-Richtlinienpaket zum Vergaberecht in Kraft. Dabei handelt es sich um die Richtlinie über die **klassische öffentliche Auftragsvergabe (2014/24/EU**[17]**), die Richtlinie über die Sektorenauftragsvergabe (2014/25/EU**[18]**) und die gänzlich neu geschaffene Richtlinie über die Konzessionsvergabe (2014/23/EU**[19]**)**, die allesamt grundsätzlich bis zum 18. April 2016 in nationales Recht umzusetzen waren. Für die Umsetzung der Pflicht zur Nutzung elektronischer Kommunikationsmittel im Vergabeverfahren haben die Mitgliedstaaten jedoch bis zum 18. Oktober 2018 Zeit.

---

12   *Schütte/Horstkotte* u.a., Vergabe öffentlicher Aufträge, S. 11.

13   *Pünder/Schellenberg-Fehling*, VergabeR, § 97 GWB Rn. 14.

14   *Pünder/Schellenberg-Fehling*, VergabeR, § 97 GWB Rn. 14; Müller-Wrede-Aicher, Kompendium des VergabeR, Kap. 12, Rn. 2, 11; EuGH, Urt. v. 7.12.2000 – RS. C-324/98 (Telaustria).

15   Dienstleistungskonzessionen waren bislang nicht vom Anwendungsbereich des EU-Sekundärrechts erfasst. Dies hat sich geändert mit Erlass der neuen Konzessionsrichtlinie 2014/23/EU, die am 18.04.2016 durch das Gesetz zur Modernisierung des Vergaberechts (vgl. insbesondere § 105 und §§ 148 ff. sowie die Konzessionsvergabeverordnung (KonzVgV) umgesetzt wurde.

16   *Pünder/Schellenberg-Fehling*, VergabeR, § 97 GWB Rn. 12.

17   Richtlinie 2014/24/EU des Europäischen Parlaments und des Rates v. 26.2.2014 über die öffentliche Auftragsvergabe und zur Aufhebung der Richtlinie 2004/18/EG, ABl. Nr. L 94, S. 65.

18   Richtlinie 2014/25/EU des Europäischen Parlaments und des Rates v. 26.2.2014 über die Vergabe von Aufträgen durch die Auftraggeber im Bereich der Wasser-, Energie- und Verkehrsversorgung sowie der Postdienste und zur Aufhebung der Richtlinie 2004/17/EG, ABl. Nr. L 94, 243.

19   Richtlinie 2014/23/EU des Europäischen Parlaments und des Rates v. 26.2.2014 über die Konzessionsvergabe, ABl. Nr. L 94, S. 1.

Praktische Bedeutung erlangen die Vergaberechtsgrundsätze hauptsächlich als **Auslegungsleitlinien** für das gesetzliche und untergesetzliche Vergaberecht[20]. Sie dienen der Vergabestelle dort als Ermessensdirektiven, wo es an einer näheren Normierung fehlt[21]. Im richtlinienfreien Bereich sind die allgemeinen europarechtlichen Vergaberechtsgrundsätze bei der öffentlichen Auftragsvergabe unmittelbar anwendbare Verhaltensmaximen[22].

## I. Transparenzgrundsatz

Das Transparenzgebot lässt sich aus dem primären Unionsrecht, namentlich den **Grundfreiheiten** sowie **dem allgemeinen Diskriminierungsverbot** aus Art. 18 AEUV herleiten[23]. Grenzüberschreitende Gleichbehandlung ist nämlich ohne Transparenz nicht zu gewährleisten[24]. Auf nationaler Ebene **findet der Transparenzgrundsatz seine Verankerung in § 97 Abs. 1 GWB sowie in den untergesetzlichen Vergabe- und Vertragsordnungen**[25].

Das Transparenzgebot fordert **die Nachvollziehbarkeit des Verfahrensablaufs** und der Vergabeentscheidung, d.h. eine übersichtliche und klar abgestufte Verfahrensgestaltung und vorhersehbare Entscheidungskriterien[26]. Der potentielle Bieter soll von Anfang an in die Lage versetzt werden, die Anforderungen des konkreten Vergabeverfahrens klar zu erkennen und seine Chancen bei einer Teilnahme abschätzen zu können[27]. Transparenz ist Voraussetzung für einen chancengleichen Wettbewerb; ein solcher kann nur funktionieren, wenn alle Bieter wissen, welche Leistung nachgefragt wird und welche Ausschreibungsbedingungen es gibt[28].

---

20 *Pünder/Schellenberg-Fehling*, VergabeR, § 97 GWB Rn. 45; *Immenga/Mestmäcker-Dreher*, WettbewerbsR, § 97 GWB, Rn. 3; Müller-Wrede-Aicher, Kompendium des VergabeR, Kapitel 12, Rn. 17.

21 *Pünder/Schellenberg-Fehling*, VergabeR, § 97 GWB Rn. 45.

22 *Müller-Wrede-Aicher*, Kompendium des VergabeR, Kapitel 12, Rn. 7.

23 *Pünder/Schellenberg-Fehling*, VergabeR, § 97 GWB Rn. 63; Schütte/Horstkotte u. a., Vergabe öffentlicher Aufträge, S. 2.

24 *Pünder/Schellenberg-Fehling*, VergabeR, § 97 GWB Rn. 63.

25 Genauer in § 2 Abs. 1 VOB/A und § 2 EG Abs. 1 VOL/A bzw. § 2 Abs. 1 VOL/A.

26 *Schütte/Horstkotte* u. a., Vergabe öffentlicher Aufträge, S. 2; *Pünder/Schellenberg-Fehling*, VergabeR, § 97 GWB Rn. 64 f.

27 *Schütte/Horstkotte* u. a., Vergabe öffentlicher Aufträge, S. 2.

28 *Schütte/Horstkotte* u. a., Vergabe öffentlicher Aufträge, S. 2; *Pünder/Schellenberg-Fehling*, VergabeR, § 97 GWB Rn. 65.

**Der Transparenzgrundsatz wird zunächst und zuvörderst durch die Bekanntmachung** der Absicht, einen Auftrag vergeben zu wollen, und damit durch die Herstellung von Öffentlichkeit, verwirklicht[29]. Eine überprüfbare Vergabeentscheidung erfordert eine klare Trennung der Verfahrens- und Prüfungsschritte, insbesondere eine Unterscheidung zwischen der Eignungsprüfung und der Wertung der Angebote[30]. Bestandteil der öffentlichen Ausschreibung muss **eine eindeutige und erschöpfende Leistungsbeschreibung sein**[31], so dass alle Bewerber die Beschreibung im gleichen Sinne verstehen können[32]. In den Vergabeunterlagen oder der Bekanntmachung müssen für das weitere Verfahren **verbindliche Zuschlagskriterien angegeben werden**[33]. Diese sind so zu fassen, dass alle durchschnittlich fachkundigen Bieter sie bei Anwendung der üblichen Sorgfalt in gleicher Weise auslegen können[34]. Der Auftraggeber hat sich während des gesamten Verfahrens an die beschriebenen Zuschlagskriterien zu halten[35].

Eine weitere Ausprägung des Transparenzgebotes stellen die **umfangreichen Informations- und Dokumentationspflichten des öffentlichen Auftraggebers** dar. Alle wesentlichen Entscheidungen und Verfahrensschritte – insbesondere die für das Vergabeverfahren zentrale Wertungsentscheidung – sind laufend und in nachvollziehbarer Weise zu dokumentieren[36]. Die Dokumentation dient dem Ziel, die Entscheidungen der Vergabestelle transparent und sowohl für die Nachprüfungsinstanzen als auch für die Bieter überprüfbar zu machen[37]. Sie bietet die Grundlage für die Inanspruchnahme von Rechtsschutz[38]. Die Anforderungen an die Dokumentation wurden durch die jüngste Vergaberechtsreform noch einmal verschärft, etwa dadurch, dass außerhalb des Sektorenbereichs neben die Dokumentation der **selbständige Vergabevermerk tritt** (§ 8 Abs. 2 VgV) und sogar interne Beratungen Gegenstand der Dokumentation sein sollen (§ 8 Abs. 1 VgV, anders § 8 Abs. 1 SektVO).

---

29   Siehe nur *Loewenheim/Meessen* u. a. Bungenberg, KartellR, § 97 GWB Rn. 16.

30   *Pünder/Schellenberg-Fehling*, VergabeR, § 97 GWB Rn. 67; *Loewenheim/Meessen* u. a. Bungenberg, KartellR, § 97 GWB Rn. 16.

31   *Pünder/Schellenberg-Fehling*, VergabeR, § 97 GWB Rn. 68.

32   Vgl. § 7 Abs. 1 Nr. 1 VOB/A, § 7 Abs. 1 VOL/A, § 8 EG Abs. 1 VOL/A, § 6 Abs. 1 VOF.

33   *Pünder/Schellenberg-Fehling*, VergabeR, § 97 GWB Rn. 68.

34   *Loewenheim/Meessen* u. a. Bungenberg, KartellR, § 97 GWB Rn. 18.

35   EuGH, Urt. v. 18.10.2001 – C-19/00.

36   *Pünder/Schellenberg-Fehling*, VergabeR, § 97 GWB Rn. 70; *Loewenheim/Meessen* u. a. Bungenberg, KartellR, § 97 GWB Rn. 20.

37   OLG Düsseldorf, Beschl. v. 11.7.2007 – Verg 10/07.

38   *Loewenheim/Meessen* u. a. Bungenberg, KartellR, § 97 GWB Rn. 16, 20.

Neben die Dokumentationspflicht tritt eine **Informationspflicht des Auftraggebers,** der unterlegene Bieter unter anderem über die Gründe ihrer Ablehnung sowie den Namen des erfolgreichen Bieters informieren muss[39].

---

**PRAXISBEISPIEL**

Als Verstoß gegen das Transparenzgebot im Vergabeverfahren wurde angesehen, dass ein Abwasserzweckverband von den Bietern die Ausfüllung eines umfangreichen Fragebogens verlangte, ohne dass den Bietern mitgeteilt wurde oder es für sie sonst durchschaubar war, welche Bedeutung diese zusätzlichen Auskünfte für das Vergabeergebnis haben[40].

---

## II. Wettbewerbsgrundsatz

Der Wettbewerbsgrundsatz beruht auf dem primärrechtlichen **Prinzip des freien Wettbewerbs** (Art. 119 Abs. 1 AEUV)[41]. Dieses findet zudem seine Ausprägung in den Grundfreiheiten des **freien Waren- und Dienstleistungsverkehrs** (Art. 34 und 56 AEUV) und der **Niederlassungsfreiheit** (Art. 49 AEUV)[42]. Auch die Vergaberichtlinien legen das Wettbewerbsprinzip ihren Regelungen zugrunde, indem sie es in ihren Erwägungsgründen ausdrücklich erwähnen[43]. Im nationalen Vergaberecht ist es in **§ 97 Abs. 1 GWB** sowie den **Vergabe- und Vertragsordnungen**[44] normiert.

Der Wettbewerbsgrundsatz stellt (in Kombination mit dem Gleichbehandlungsgebot) das tragende Prinzip des Vergaberechts dar[45]. Er ist in allen Phasen des Vergabeverfahrens zu beachten und gilt für Auftraggeber und Unternehmen gleichermaßen[46]. Der Grundsatz des fairen Wettbewerbs bedeutet, dass jedes

---

39  Schon vor der gesetzlichen Regelung BKartA (1. Vergabekammer des Bundes), Beschl. v. 29.4.1999 – VK 1-7/99; vgl. auch *Loewenheim/Meessen* u. a. Bungenberg, KartellR, § 97 GWB Rn. 22; vgl. auch § 101 a GWB.

40  OLG Naumburg, Beschl. v. 16.9.2002 – 1 Verg 2/02.

41  *Pünder/Schellenberg-Fehling*, VergabeR, § 97 GWB Rn. 52.

42  Vgl. zur Bedeutung der Grundfreiheiten für den Wettbewerb auch EuGH, Urt. v. 23.12.2009, Rs. C-376/08 – Serrantoni.

43  Die Richtlinie über öffentliche Auftragsvergabe (2014/24/EU) insb. in Erwägungsgrund (1), die Sektorenrichtlinie (2014/25/EU) insb. in Erwägungsgrund (2) und die Konzessionsrichtlinie (2014/23/EU) insb. in Erwägungsgrund (3); vgl. auch *Pünder/Schellenberg-Fehling*, VergabeR, § 97 GWB Rn. 52.

44  Genauer in § 2 Abs. 1 Nr. 2 VOB/A, § 2 Abs. 1 S. 1 VOL/A, § 2 EG Abs. 1 S. 1 VOL/A.

45  *Pünder/Schellenberg-Fehling*, VergabeR, § 97 GWB Rn. 53; Müller-Wrede-Aicher, Kompendium des VergabeR, Kapitel 12, Rn. 20.

46  *Dreher/Motzke-Dörr*, Beck'scher Vergaberechtskommentar, § 97 GWB Rn. 6.

in der EU ansässige Unternehmen **die gleichen Chancen bei der Vergabe von öffentlichen Aufträgen haben muss**[47].

Das Wettbewerbsprinzip kommt bereits in dem gesetzlich **angeordneten Vorrang des offenen und nicht offenen**[48] **Vergabeverfahrens,** das einen breiteren Wettbewerb gewährleistet, zum Ausdruck[49]. Grundvoraussetzung einer Auftragsvergabe im Wettbewerb ist zudem die Gewährleistung **eines Geheimwettbewerbs** zwischen den teilnehmenden Bietern[50]. Denn nur, wenn jeder Bieter die ausgeschriebene Leistung in Unkenntnis der Angebote, Angebotsgrundlagen und Angebotskalkulation seiner Mitbewerber anbietet, ist ein echter Bieterwettbewerb möglich[51]. Demnach ist das Geheimhaltungsverbot verletzt, wenn zwei konkurrierende Bieter mit jeweils gegenseitig bekannten Angeboten an einer Ausschreibung teilnehmen[52] oder ein Bieter für die ausgeschriebene Leistung nicht nur ein eigenes Angebot abgibt, sondern sich daneben auch als Mitglied einer Bietergemeinschaft um den Zuschlag derselben Leistung bewirbt[53]. Demgegenüber dürfen miteinander verbundene Unternehmen, die unterschiedliche Angebote abgeben, nicht automatisch von der Vergabe ausgeschlossen werden[54]. Jedoch begründet dies eine widerlegliche Vermutung dafür, dass es eine wettbewerbsbeschränkende Absprache gegeben hat, welche die Bieter erst durch den konkreten Nachweis der getrennten Auftragsbearbeitung widerlegen können[55].

## III. Gleichbehandlungsgrundsatz

Unionsrechtliche Grundlage des Gleichbehandlungsgrundsatzes (Diskriminierungsverbot) sind neben dem primärrechtlichen allgemeinen **Diskriminie-**

---

47  *Danner/Theobald-Marx,* WettbewerbsR/VergabeR, 162. Vergaberecht für Versorgungsbetriebe Rn. 133; *Schütte/Horstkotte u. a.,* Vergabe öffentlicher Aufträge, S. 4.

48  Seit der Neufassung des Teils 4 des GWB steht, insoweit nunmehr in Übereinstimmung mit dem Unionsrecht, das nicht offene Verfahren dem offenen Verfahren gleich, ist jenem gegenüber also nicht mehr subsidiär, § 119 Abs. 2 Satz 1 GWB.

49  *Loewenheim/Meessen* u. a. Bungenberg, KartellR, § 97 GWB Rn. 8; *Pünder/Schellenberg-Fehling,* VergabeR, § 97 GWB Rn. 55.

50  OLG Düsseldorf, Beschl. v. 16.9.2003 – Verg 52/03; *Müller-Wrede-Aicher,* Kompendium des VergabeR, Kapitel 12, Rn. 21.

51  OLG Düsseldorf, Beschl. v. 16.9.2003 – Verg 52/03.

52  OLG Jena, Beschl. v. 19.4.2004 – 6 Verg 3/04.

53  OLG Düsseldorf, Beschl. v. 16.9.2003 – Verg 52/03.

54  EuGH, Urt. v. 19.05.2009, Rn. C 538/07, Slg. 2009, I-4236 – Assitur.

55  OLG Düsseldorf, Beschl. v. 13.4.2011, VII Verg 4/11, NZBau 2011, 371 (= Vergaberecht 2011, 732).

**rungsverbot (Art. 18 AEUV) die Grundfreiheiten**[56]. Besonders betont wird der Grundsatz der Gleichbehandlung auch in **den Vergaberichtlinien**[57]. Im nationalen Recht findet er im verfassungsrechtlichen Gleichheitssatz **des Art. 3 Abs. 1 GG** und darauf basierend in **§ 97 Abs. 2 GWB** sowie den **untergesetzlichen Vergabe- und Vertragsordnungen**[58] seine Verankerung[59].

Der Gleichbehandlungsgrundsatz steht in engem Zusammenhang mit dem Wettbewerbsgrundsatz, da Gleichbehandlung eine Entstehensvoraussetzung von Wettbewerb ist[60]. Das Diskriminierungsverbot verlangt, alle Teilnehmer eines Vergabeverfahrens gleich zu behandeln, falls eine Ungleichbehandlung nicht aufgrund des GWB ausdrücklich geboten oder wenigstens gestattet ist[61]. Dabei sind nach der Rechtsprechung des EuGH nicht nur **offensichtliche Diskriminierungen auf Grund der Staatsangehörigkeit, sondern auch alle Formen versteckter bzw. mittelbarer Diskriminierung verboten**[62].

---

### PRAXISBEISPIELE

Eine direkte Benachteiligung ist beispielsweise dann gegeben, wenn eine deutsche Vergabestelle ankündigt, einen bestimmten Prozentsatz des Auftragsvolumens ausschließlich deutschen Bietern vorzubehalten. Eine mittelbare Diskriminierung liegt vor bei der Festlegung von Angebotsfristen, die angesichts ihrer Kürze fast nur von einheimischen, mit den Gegebenheiten gut vertrauten, Unternehmen eingehalten werden können.

---

Der EuGH hat aber auch eine versteckte Diskriminierung darin gesehen, dass ein öffentlicher Auftraggeber bei der Ausführung des Auftrags eine bestimmte Eigenerbringungsquote verlangt hat, welche den sogenannten „Generalübernehmer" ausschloss, weil nach Ansicht des EuGH ausländische Unter-

---

56  *Pünder/Schellenberg-Fehling*, VergabeR, § 97 GWB Rn. 72; *Müller-Wrede-Aicher*, Kompendium des VergabeR, Kapitel 12, Rn. 33.

57  Insb. Art. 24 der Richtlinie über öffentliche Auftragsvergabe (2014/24/EU), Art. 42 der Sektorenrichtlinie (2014/25/EU), Art. 3 der Konzessionsrichtlinie (2014/23/EU) sowie mehrfach in den jeweiligen Erwägungsgründen.

58  Genauer in § 2 Abs. 2 VOB/A, § 2 Abs. 1 S. 2 VOL/A.

59  *Schütte/Horstkotte* u.a., Vergabe öffentlicher Aufträge, S. 6; *Pünder/Schellenberg-Fehling*, VergabeR, § 97 GWB Rn. 85.

60  *Danner/Theobald-Marx*, WettbewerbsR/VergabeR, 162. Vergaberecht für Versorgungsbetriebe Rn. 134; *Pünder/Schellenberg-Fehling*, VergabeR, § 97 GWB Rn. 73.

61  *Schütte/Horstkotte* u. a., Vergabe öffentlicher Aufträge, S. 6.

62  Vgl. nur EuGH, Urt. v. 27.10.2005 – C-234/03.

nehmen eher auf Subunternehmer zurückgreifen müssen als inländische Unternehmen[63].

## IV. Grundsatz der wirtschaftlichen Beschaffung

Nach dem Unionsrecht ist maßgebliches Kriterium für die Auftragsvergabe entweder **der niedrigste Preis oder das wirtschaftlich günstigste Angebot**[64]. Im deutschen Vergaberecht gilt gem. **§ 97 Abs. 7 GWB das Kriterium der Wirtschaftlichkeit.** Das bedeutet, dass der Zuschlag auf das Angebot zu erteilen ist, welches das beste **Preis-Leistungs-Verhältnis bietet**[65]. Hierbei sind beispielsweise folgende Aspekte zu berücksichtigen: Lieferfrist, Ausführungsdauer, Qualität, Ästhetik, technischer Wert, Versorgungssicherheit und Preis[66].

## V. Verhältnismäßigkeitsgrundsatz

Bei der Auftragsvergabe muss auch der Verhältnismäßigkeitsgrundsatz (das Übermaßverbot) beachtet werden, § 97 Abs. 1 Satz 2 GWB. Dies meint zum einen, dass an den Auftragnehmer **keine überzogenen Anforderungen** gestellt werden dürfen **und sachfremde Erwägungen bei der Vergabeentscheidung nur dann zulässig sind, wenn sie noch einen inhaltlichen Bezug zum eigentlichen Vergabegegenstand aufweisen.** Zum anderen wird aber auch der Auftraggeber durch das Verhältnismäßigkeitsprinzip vor übertriebenen Anforderungen an ihn bewahrt. Eine europaweite Bekanntmachung kann beispielsweise im Einzelfall entbehrlich sein, wenn Personen oder Unternehmen aus anderen Mitgliedstaaten auf Grund des niedrigen Auftragswertes und der sehr geringfügigen wirtschaftlichen Bedeutung kein Interesse am Erhalt des Auftrags haben dürften und dem Auftrag daher keine Binnenmarktrelevanz zukommen dürfte[67]. Es ist auch denkbar, diesen Grundsatz künftig dafür fruchtbar zu machen, was an Detailliertheit der Leistungsbeschreibung im Verhältnis zum Auftragswert dem Auftraggeber zugemutet werden kann und was außer Verhältnis zu diesem steht[68].

---

63  Vgl. EuGH, Urt. v. 18.03.2004, Rechtssache C-314/01, NZ Bau 2004, 340 – Siemens ARGE Telekom.

64  *Danner/Theobald-Marx*, WettbewerbsR/VergabeR, 162. Vergaberecht für Versorgungsbetriebe Rn. 148; *Schütte/Horstkotte* u. a., Vergabe öffentlicher Aufträge, S. 9.

65  *Danner/Theobald-Marx*, WettbewerbsR/VergabeR, 162. Vergaberecht für Versorgungsbetriebe Rn. 149; *Schütte/Horstkotte* u. a., Vergabe öffentlicher Aufträge, S. 9.

66  *Danner/Theobald-Marx*, WettbewerbsR/VergabeR, 162. Vergaberecht für Versorgungsbetriebe Rn. 148.

67  Zum Vorstehenden Pünder/Schellenberg-Pache, VergabeR, § 55 BHO Rn. 54.

68  Vgl. zu diesem Komplex etwa VK Lüneburg, Beschl. v. 7.3.2011, VGK 73/2010.

## VI. Berücksichtigung mittelständischer Interessen

Auch kleinere und mittlere Unternehmen müssen grundsätzlich die Chance haben, Aufträge der öffentlichen Hand zu erhalten. Dem trägt die Vorschrift des § 97 Abs. 3 S. 1 GWB Rechnung, nach der mittelständische Interessen bei der Vergabe öffentlicher Aufträge vornehmlich zu berücksichtigen sind. Dies soll insbesondere durch die Aufteilung der **Aufträge in Teil- und Fachlose** geschehen (vgl. § 97 Abs. 3 S. 2 GWB)[69]. **Die Auftraggeber dürfen jedoch von dem Grundsatz der Losvergabe in begründeten Fällen abweichen** oder auch die einheitliche Auftragsvergabe an einen Generalunternehmer parallel zur Losvergabe ausschreiben, wenn besondere wirtschaftliche oder technische Gründe dies erfordern[70]. In diesen Fällen muss die Abweichung vom Grundsatz einzelfallbezogen begründet werden[71]. Es hat hierbei eine umfassende Abwägung der Vor- und Nachteile einer Einzel- gegenüber einer Gesamtvergabe stattzufinden[72]. Da § 97 Abs. 4 S. 2 GWB ein klares Regel-Ausnahme-Verhältnis statuiert, kann der für jede Losvergabe typische allgemeine Ausschreibungs-, Prüfungs- und Koordinierungsaufwand oder höherer Aufwand für Gewährleistungen noch nicht ausreichen, um eine Gesamtvergabe zu rechtfertigen[73].

# C. Wirtschafts- und sozialpolitische Vorgaben

Gem. § 97 Abs. 3 GWB werden bei der Vergabe Aspekte der **Qualität und der Innovation sowie soziale und umweltbezogene Gesichtspunkte nach Maßgabe der gesetzlichen Vorschriften des GWB berücksichtigt.** Das bedeutet aber nicht, dass ein öffentlicher Auftraggeber oder Sektorenauftraggeber nun bei jeder Ausschreibung neben Gesichtspunkten des Preises und der Qualität der Ware oder Leistung auch Umweltaspekte zwingend berücksichtigen müsste. Lediglich dort, wo das Gesetz dies vorschreibt, können solche Pflichten begründet sein. Das gilt etwa für den Bereich der Beschaffung von Straßenfahrzeugen (§§ 67, 68 VgV sowie §§ 58, 59 SektVO). Auf die Einzelheiten kann an dieser Stelle nicht eingegangen werden. Hiermit folgt der Gesetzgeber konkreten Richtlinienverpflichtungen der Europäischen Union.

Gem. § 128 Abs. 2 S. 1 GWB können die öffentlichen Auftraggeber besondere Bedingungen für die Ausführung eines Auftrags (Ausführungsbedingungen)

---

69   Siehe auch BT-Drs. 16/10117, S. 15.

70   *Hailbronner:* in Byok/Jaeger, § 97 GWB Rn. 68; Vgl. BKartA Beschl. V. 1.2.2001, VergabeR 2001, 143, 145.

71   *Immenga/Mestmäcker-Dreher,* WettbewerbsR, § 97 GWB Rn. 151.

72   OLG Düsseldorf, Beschl. v. 23.3.2011, VII Verg 63/10.

73   OLG Düsseldorf, a. a. O.

festlegen, sofern diese mit dem Auftragsgegenstand in Verbindung stehen, entsprechend § 127 Abs. 3 GWB a. F. Diese Ausführungsbedingungen müssen sich aus den Vergabeunterlagen ergeben (§ 128 Abs. 2 S. 2 GWB) und können wirtschaftliche, innovationsbezogene, umweltbezogene, soziale oder beschäftigungspolitische Belange, ohne den Schutz der Vertraulichkeit von Informationen[74] zu vernachlässigen, umfassen. Wie schon bisher § 97 Abs. 4 S. 3 GWB a. F. überlässt § 129 GWB auch den Ländern die Befugnis zur Festlegung solcher Auftragsausführungsbedingungen. Im Bereich des Umweltschutzes ist etwa denkbar, dass die Art und Weise der Produktion etwa von Hölzern, Möbeln etc. besonderen Anforderungen genügen muss, selbst wenn sich diese Anforderungen nicht in einer bestimmten Qualität des Werkstoffes ausdrücken (wie etwa beim Ausschluss von Tropenholz). Denkbar ist auch das Verlangen nach umweltfreundlichen Produkten und Verfahren wie Recyclingpapier, Energiesparlampen, Fahrzeugen mit geringem Kraftstoffverbrauch, Solarenergie, geringer Lärmemissionen und Recyclebarkeit[75]. Als mögliche zusätzliche Anforderungen sozialer Art können beispielsweise in Betracht kommen: Die tarifgerechte Entlohnung von Mitarbeitern (Tariftreue), die Förderung von Langzeitarbeitslosen, die Schaffung von Ausbildungsplätzen, Einhaltung von nationalen Vorschriften, die die Kernarbeitsnormen der Internationalen Arbeitsorganisation (ILO) umsetzen, die Integration von behinderten Menschen, die Frauenförderung, die Förderung kleiner und mittelständischer Unternehmen. Es ist immer genau darauf zu achten, ob es sich nicht teilweise bereits um Gegenstände der Leistungsbeschreibung handelt, was insbesondere im Bereich von Umweltgesichtspunkten der Fall sein kann. So ist etwa die nach dem Tariftreue- und Vergabegesetz NRW geforderte Erklärung zur Einhaltung der ILO-Kernarbeitsnormen nicht als Anforderung der Eignung, sondern vielmehr als besondere Ausführungsbedingung anzusehen[76].

---

74  Z. B. eine sog. No-Spy-Erklärung.

75  Siehe etwa *Dreher/Motzke-Dörr*, Beck'scher Vergaberechtskommentar, GWB § 97 GWB Rn. 80–84; Immenga/Mestmäcker-Dreher, GWB § 97 Rn. 232–238.

76  OLG Düsseldorf, Beschl. v. 29.1.2014, Verg 28/13, ZfBR 2014, 502 (504).

**Entwicklung des Vergaberechts mit der Vergaberechtsreform 2016**

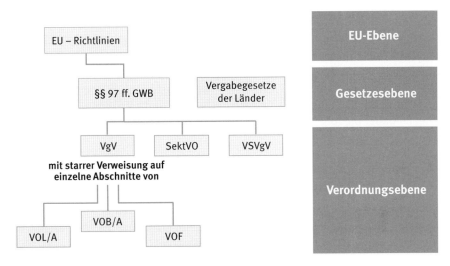

**Abbildung 2:** Das alte System des Kartellvergaberechts

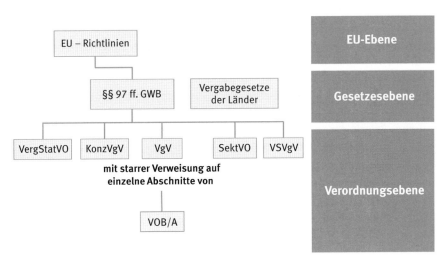

**Abbildung 3:** Das aktuelle System des Kartellvergaberechts

# Teil 2 Anwendung des Vergaberechts auf Stadtwerke (Michaels)

Der persönliche Anwendungsbereich des Vergaberechts oberhalb der Schwellenwerte wird durch den **Begriff des öffentlichen Auftraggebers** umrissen, § 99 GWB. Dem liegt **ein weiter Auftraggeberbegriff** zugrunde, so dass Stadtwerke unabhängig von ihrer Rechtsform in den meisten Fällen jedenfalls partiell dem Vergaberecht unterfallen. Je nach Rechtsform und konkretem Tätigkeitsgebiet ist dabei wie folgt zu unterscheiden:

## A. Gebietskörperschaften und deren Sondervermögen, § 99 Nr. 1 GWB

Zu den klassischen öffentlichen Auftraggebern zählen Gebietskörperschaften (Staats- und Kommunalverwaltung, Behörden) und deren Sondervermögen. Dazu zählen Stadtwerke dann, wenn sie als Eigenbetrieb ausgestaltet sind und daher keine eigene, von der Kommune unabhängige Rechtspersönlichkeit haben.

## B. Funktionale öffentliche Auftraggeber, § 99 Nr. 2 GWB

Ist ein Stadtwerk mit einer eigenen Rechtspersönlichkeit ausgestattet und wird z. B. in Form **einer juristischen Person des Privatrechts als GmbH** betrieben, bedarf es zur Feststellung der Auftraggebereigenschaft einer funktionellen Betrachtung. Ein Stadtwerk unterfällt nach dem europarechtlich geprägten funktionalen Auftraggeberbegriff dann dem Vergaberecht, wenn es

– zum **Zweck der Erfüllung von im Allgemeininteresse liegenden Aufgaben** gegründet wurde, und

– von **einem öffentlichen Auftraggeber überwiegend finanziert** oder **kontrolliert** wird.

Dies betrifft insbesondere Stadtwerke, die neben ihrer klassischen Tätigkeit als Energieversorgungsunternehmen auch Aufgaben der staatlichen und kommunalen Daseinsvorsorge, wie z. B. den Betrieb des städtischen Schwimmbades, wahrnehmen.

---

**PRAXISTIPP**

Auch wenn das Stadtwerk lediglich aufgrund eines Tätigkeitsbereiches öffentlicher Auftraggeber nach § 99 Nr. 2 GWB ist, muss das Stadtwerk bei sämtlichen Tätigkeiten das Vergaberecht beachten[77].

---

# C. Sektorenauftraggeber

Ebenfalls vom Anwendungsbereich des Vergaberechts erfasst sind Unternehmen, die auf einem der erfassten Sektoren tätig sind und dabei entweder von einem öffentlichen Auftraggeber beherrscht werden oder aufgrund besonderer oder ausschließlicher Rechte tätig werden, §§ 100, 102 GWB.

## I. Sektorentätigkeit

Zu den Sektoren gehören:

- die Trinkwasserversorgung,

- die Versorgung mit Elektrizität, Gas oder Wärme,

- Verkehrsleistungen,

- der Betrieb von Häfen und Flughäfen sowie

- die Exploration und Förderung fossiler Brennstoffe.

Für Stadtwerke spielen insbesondere die Sektorenbereiche der Trinkwasserversorgung (§ 102 Abs. 1 GWB), der Elektrizität (sowohl im Netz als auch in der Versorgung sowie in der Erzeugung, § 102 Abs. 2 GWB), der Gas- und Wärmeversorgung (§ 102 Abs. 3 GWB) sowie des Verkehrs, namentlich des ÖPNV (§ 102 Abs. 4 GWB), eine Rolle. In einigen wenigen Fällen mag auch Tätigkeiten als Hafen- und Flughafenbetreiber bei Stadtwerken eine gewisse Bedeutung zukommen (§ 102 Abs. 5 GWB).

Sie sind im Rahmen dieser Tätigkeiten sog. **Sektorenauftraggeber.** Betrifft der Auftrag die Sektorentätigkeit, gelten dafür eine Reihe von Sondervorschriften, insbesondere **die Sektorenverordnung.** Diese enthält **weitgehend Erleichterungen im Vergleich zu den förmlichen Verfahrensvorschriften für klassische öffentliche Auftraggeber.** Sektorenaufträge sind dabei nicht nur Aufträge, die unmittelbar zur Durchführung der Sektorentätigkeit erforderlich sind, z.B. im Sektor Strom ist es nicht nur der Kauf von Kabeln, Transformatoren, Errichtung

---

77  Vgl. zur sog. Infektionstheorie bereits EuGH, Urt. v. 15.1.1998, RS. C-44/96 – Österreichische Staatsdruckerei, SLG. 1998, I-71 = EuZW 1998, 120.

von Umspannstationen oder von Windanlagen. **Auch Hilfstätigkeiten,** die zur Durchführung des Kerngeschäfts dienen, gehören zu der Tätigkeit als Sektorenauftraggeber[78]. Diese Frage ist von einiger Bedeutung, wenn festgestellt werden soll, ob der Sektorenauftraggeber, der zugleich Auftraggeber nach § 99 GWB ist, einen Auftrag zur Durchführung seiner Sektorentätigkeit vergibt.

---

**PRAXISTIPP**

Ist ein Stadtwerk nicht zugleich öffentlicher Auftraggeber i. S. v. § 99 GWB, unterfällt es nur im Bereich der Sektorentätigkeit dem Vergaberecht. Bei sonstigen Aufträgen besteht somit keine Ausschreibungspflicht. Bedeutsam ist allerdings, dass Stadtwerke auch dem allgemeinen Vergaberecht unterliegen können, wenn der jeweils zu vergebende Auftrag nicht einem der oben genannten Bereichen entnommen wird, sondern **im Allgemeininteresse liegenden Tätigkeiten nichtgewerblicher Art dient**[79]. Dies betrifft beispielsweise Tätigkeiten im Zusammenhang mit dem Bäderbetrieb[80] oder solche Tätigkeiten, die auf die allgemeine Förderung der lokalen Infrastruktur gerichtet sind[81]. Bei solchen Aufträgen muss das klassische Vergaberecht ohne die Vergünstigungen für Sektorenauftraggeber angewendet werden. Dasselbe kann unter Umständen gelten, wenn für den Auftrag staatliche Fördermittel in Anspruch genommen werden und die Förderbestimmungen entsprechende Vorgaben machen. Soweit eine derartige Anwendbarkeit des klassischen Vergaberechts für Stadtwerke in Frage kommt, weisen wir, wie in diesem Leitfaden, jeweils gesondert darauf hin.

---

## II. Weitere Anforderungen

Voraussetzung dafür, dass ein Unternehmen Sektorenauftraggeber ist, ist neben der Sektorentätigkeit entweder, dass es gleichzeitig auch öffentlicher Auftraggeber im Sinne des § 99 GWB ist (§ 100 Abs. 1 Nr. 1 GWB) bzw. dass es entweder auf der Grundlage besonderer oder ausschließlicher Rechte tätig

---

78  Vgl. etwa OLG Düsseldorf, Beschl. v. 24.3.2010, VII Verg 58/09 (Abschlepp- und Inkassodienstleistungen für Flughafen).

79  Vgl. § 99 Nr. 2 GWB.

80  VK Sachsen Beschl. v. 9.11.2006 – Az.: 1/SVK/095-06; VK Nordbayern Beschl. v. 15.2.2002 – Az. 320.VK-3194-02/02.

81  Bspw. Abfallentsorgung: VK Thüringen Beschl. v. 17.2.2006 – Az.: 360-4003.20-001/06-G-S; VK Düsseldorf Beschl. v. 30.9.2002 – Az.: VK-26/2002-L; Krankenhausversorgung der Bevölkerung: OLG München Beschl. v. 26.6.2007 – Az.: Verg 6/07; VK Baden-Württemberg Beschl. v. 13.7.2011 – Az.: 1 VK 29/11.

wird (§ 100 Abs. 1 Nr. 2 lit. a GWB) oder „dass öffentliche Auftraggeber i. S. d. § 99 Abs. 1–3 GWB einzeln oder gemeinsam einen beherrschenden Einfluss auf das Unternehmen ausüben können. Im Falle von Stadtwerken kommt eine Beeinflussung durch die Kommune in Betracht".

Im Bereich der Energieversorgung spielen ausschließliche und besondere Rechte keine wesentliche Rolle mehr[82]. Es kommt deshalb bei Stadtwerken regelmäßig auf die kommunale Beherrschung an. Nur dann, wenn sie zu wenigstens 50 % in privater Hand stehen, sind sie unter Umständen keine Sektorenauftraggeber. In diesem Zusammenhang darf darauf hingewiesen werden, dass privat nur wirklich private Unternehmen sind, nicht solche, die ihrerseits zwar nicht rein kommunal strukturiert sind, aber von öffentlichen Händen gehalten werden, wie im Energiebereich etwa die Unternehmen EnBW und Vattenfall.

## III. Mögliche gleichzeitige Einordnung unter § 99 Nr. 2 GWB

Einem Punkt gebührt an dieser Stelle noch Aufmerksamkeit: Nach der Rechtsprechung des EuGH kann sogar eine Tätigkeit, die auch Sektorentätigkeit ist (namentlich die Fernwärmeversorgung), zugleich eine Tätigkeit im Allgemeininteresse sein, welche gemäß der sog. Infektionstheorie einen Auftraggeber die Eigenschaft als öffentlicher Auftraggeber nach § 99 Nr. 2 GWB zuweisen kann mit der Folge, dass er alle Aufträge außerhalb des Sektorenbereichs nach den Bestimmungen des Nichtsektorenvergaberechts auszuschreiben hat[83].

## IV. Freistellung

Das Sektorenvergaberecht gilt für die Vergabe öffentlicher Aufträge, welche zum Zweck einer Sektorentätigkeit vergeben werden, wenn die Sektorentätigkeit unmittelbar dem Wettbewerb auf Märkten ausgesetzt ist, die keiner Zugangsbeschränkung unterliegen (§ 140 Abs. 1 S. 1 GWB). Die Entscheidung hierüber hat die Kommission zu treffen. Hierfür sieht die Richtlinie 2014/25/EU in Art. 35 ein besonderes Verfahren vor (vgl. auch § 3 SektVO). In einem solchen Verfahren hat die Kommission am 24.04.2012 von der Anwendung des Sektorenvergaberechts freigestellt

> „Aufträge, die [...] die Erzeugung und den Erstabsatz von aus konventionellen Quellen erzeugtem Strom in Deutschland ermöglichen sollen."

Damit ist zum Beispiel eine kommunale Kraftwerksgesellschaft, deren einziger Tätigkeitsbereich darin besteht, etwa aus Gas Strom zu erzeugen und in das

---

82  A. A. VK Lüneburg
83  EuGH, Urt. v. 10.4.2008, RS. C-393/06, Slg. 2008, I-2339 – Ing. Aigner (Fernwärme Wien).

Netz einzuspeisen, nicht mehr zur Anwendung des Sektorenvergaberechts verpflichtet. Hingewiesen werden darf in diesem Zusammenhang aber darauf, dass eine Freistellung für die Wärmeerzeugung bzw. Versorgung nicht erfolgt. Das bedeutet etwa, dass solche kommunal beherrschte Unternehmen, die ein Kraftwerk betreiben, welches Wärme und Strom produziert und die Wärme nicht gleichsam nur ein Abfallprodukt ist, von der Freistellung keinen Gebrauch machen können.

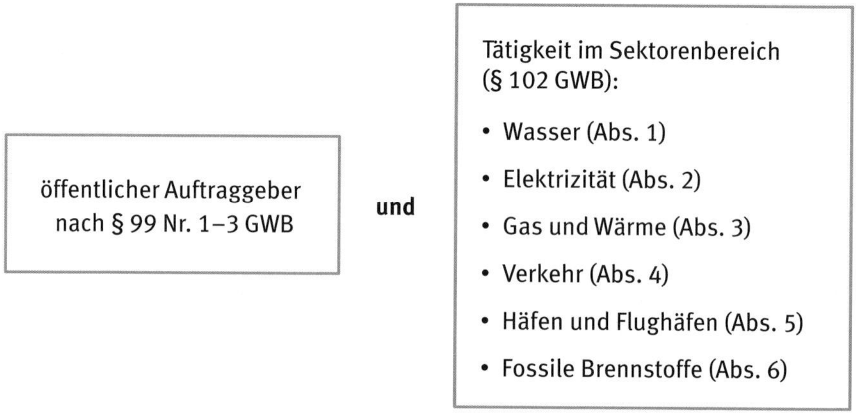

**Abbildung 4:** Öffentlicher Auftraggeber oder Sektorenauftraggeber nach § 100 Abs. 1 Nr. 1 GWB

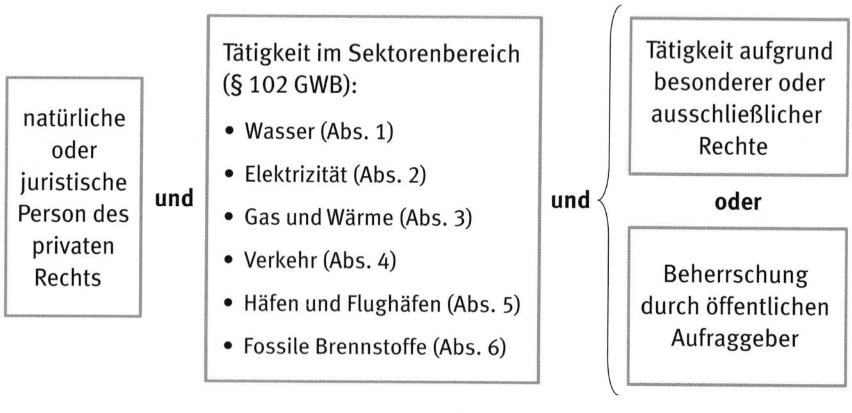

**Abbildung 5:** Öffentlicher Auftraggeber oder Sektorenauftraggeber nach § 100 Abs. 1 Nr. 2 GWB

20

# Teil 3 Vorbereitung eines Vergabeverfahrens (Ringwald)

## A. Ermittlung des Beschaffungsbedarfs

Die Einhaltung des Vergaberechts durch ein Stadtwerk ist kein Selbstzweck. Die Beschaffung von Waren und Leistungen dient stets dem Betrieb des Unternehmens und der Umsetzung von unternehmerischen Investitionsentscheidungen. Das Vergaberecht regelt dabei lediglich das Verfahren, in dem ein Stadtwerk benötigte Waren und Leistungen beschafft[84]. Die Entscheidung, welche Waren oder Leistungen beschafft werden sollen, ist davon grundsätzlich nicht betroffen[85]. Sie kann vom Unternehmen rein unter technischen und/oder wirtschaftlichen Gesichtspunkten getroffen werden[86].

Dessen ungeachtet ist es aber dringend empfehlenswert, bereits bei der internen Ermittlung des Beschaffungsbedarfs einige Grundsätze zu beachten, um eine einwandfreie Abwicklung des späteren Vergabeverfahrens zu ermöglichen. Zum Beispiel ist es sinnvoll, bereits im Vorfeld einer Beschaffung umweltfreundliche und energieeffiziente Lösungen zu priorisieren[87].

## B. Organisation der Beschaffung im Unternehmen

Eine technisch und wirtschaftlich erfolgreiche, gleichzeitig aber auch effiziente und vergaberechtskonforme Beschaffung erfordert stets ein Zusammenspiel mehrerer Unternehmensteile.

Die Beschreibung des Beschaffungsbedarfs und der Anstoß für ein Projekt gehen oft von technischen Abteilungen aus. Die Geschäftsführung wird häufig einbezogen, um bei strategischen Beschaffungen zu entscheiden. Gleichzeitig ist es aber erforderlich, möglichst früh die vergaberechtliche Betrachtung einzubeziehen. So können wichtige Weichen bei der Leistungsbeschreibung und der Erstellung von Wertungskriterien oftmals in einem frühen Stadium der Beschaffungsplanung leichter berücksichtigt werden.

---

84  OLG Düsseldorf NZBau 2013, 650.
85  OLG Düsseldorf Beschl. v. 27.6.2012 – VII-Verg 7/12; BKartA Beschl. v. 1.3.2012 – VK 2-5/12; OLG Karlsruhe Beschl. v. 16.11.2012 – 15 Verg 9/12.
86  OLG Karlsruhe Beschl. v. 15.11.2013 – 15 Verg 5/13.
87  Vgl. *Berlin:* § 7 BerlAVG; *Bremen:* § 19 Tariftreue- und Vergabegesetz; *Hamburg:* § 3 b HmbVgG; *Niedersachsen:* § 11 LVergabeG; *Nordrhein-Westfalen:* § 17 TVgG NRW; *Saarland:* § 11 Saarländisches Vergabe- und Tariftreuegesetz.

Nicht selten werden vergaberechtliche Vorgaben jedoch erst diskutiert, wenn das Projekt bereits weit fortgeschritten ist und Fragen der Schwellenwertberechnung, der Wertungskriterien und der einschlägigen Verfahren (inklusive der Zeitplanung) unvorhergesehenen Zeitverlust begründen.

---

**PRAXISTIPP**

Ab einer gewissen Größe des Stadtwerks kann sich die Einrichtung einer zentralen Beschaffungs- und Vergabestelle empfehlen. Diese koordiniert frühzeitig die Beschaffungsplanung zwischen technischen Abteilungen und Geschäftsführung und ist für eine stets vergaberechtskonforme Abwicklung zuständig. Sie bündelt die Erfahrungen mit vorangegangenen Vergabeverfahren und entwickelt für typisierbare, regelmäßig wiederkehrende Beschaffungen standardisierte Prozesse.

Ergänzend oder alternativ hierzu kann sich auch die Erstellung einer aktuellen internen Beschaffungsordnung anbieten. Darin können vergaberechtliche Anforderungen beschrieben und standardisierte Abläufe abgebildet werden. Gleichzeitig kann damit die Einhaltung von Compliance-Vorschriften dokumentiert werden.

Daneben ist auch die frühzeitige Einbeziehung der Abteilungen, die für das Vertragsmanagement und das Controlling zuständig sind, ratsam. So können wichtige Fragen einer einheitlichen Rechnungsstellung, Budgetierung und Gewährleistungsvereinbarungen frühzeitig in die Vergabeunterlagen integriert werden. Erfahrungsgemäß werden derartige Fragen im Vergabeverfahren zu spät berücksichtigt und unvorteilhaft geregelt.

---

**PRAXISTIPP**

Gerade größere Unternehmen und Verwaltungen entwickeln zu diesem Zweck formularartige „Einkaufsbedingungen", in denen regelmäßig wiederkehrende Fragen geregelt sind.

## C. Einbeziehung von technischen oder kaufmännischen Beratern

Bei der Vorbereitung von komplexeren Beschaffungsvorhaben werden häufig externe Berater oder Dienstleister einbezogen (beispielweise Ingenieurbüros, IT-Berater, Unternehmensberater etc.).

**In diesen Fällen stellt sich gelegentlich die Frage, ob die mit der Vorbereitung der Ausschreibung befassten Unternehmen (oder mit ihnen verbundene Unternehmen) sich auch für den eigentlichen Auftrag in der Ausschreibung bewerben können**[88]. Eine ähnliche Frage stellt sich, wenn ein Unternehmen den Auftraggeber bei dessen Markterkundung ausführlich beraten hat oder als bisheriger Auftragnehmer den Auftragsgegenstand besonders gut kennt.

Grundsätzlich gilt in diesen Fällen, dass sich eine Vorbefassung nicht zwingend von der Teilnahme am Verfahren ausschließt[89]. Allerdings muss der Auftraggeber in diesen Fällen Sorge tragen, dass ein Informationsvorsprung der vorbefassten Unternehmen gegenüber anderen Bietern möglichst vollständig ausgeglichen wird. Er muss dazu je nach den Umständen des Einzelfalls möglicherweise mehr Hintergrundinformationen über den Auftrag herausgeben oder längere Fristen zur Angebotserstellung einräumen[90].

Wettbewerbsvorteile, die auf einer eigenen Leistung des jeweiligen Bieters beruhen, müssen nicht vom Auftraggeber ausgeglichen werden, beispielsweise die besondere Ortskenntnis eines ansässigen Unternehmens oder besondere Erfahrungen des bisherigen Auftragnehmers mit dem Leistungsgegenstand.

## D. Prüfung der Ausschreibungspflicht

Ist der Beschaffungsgegenstand aus technischer und wirtschaftlicher Sicht einmal umrissen, sollte in jedem Einzelfall überprüft werden, ob für die Beschaffung auch eine **Ausschreibungspflicht** besteht.

Dabei wird grundsätzlich der weit überwiegende Anteil der in Frage kommenden Verträge im Zusammenhang mit Einkäufen eines Stadtwerks einer Ausschreibungspflicht unterliegen, da es sich regelmäßig um **sogenannte Beschaffungsverträge** bzw. öffentliche Aufträge handeln wird. Die folgenden Ausführungen konzentrieren sich daher maßgeblich auf derartige Beschaffungsverträge, denen eine besonders hohe Praxisrelevanz zukommt.

---

88  Vgl. *Glahs* in Kapellmann/Messerschmidt, § 6 EG VOB/A, Rn. 23 f.
89  Vgl. § 7 SektVO, § 7 VgV, § 6 EG Abs. 7 VOB/A; oberhalb der Schwellenwerte: EuGH, Urt. v. 3.3.2005, C-34/03 (Fabricom).
90  Vgl. *Glahs* in Kapellmann/Messerschmidt, § 6 EG VOB/A, Rn. 26.

**Eher selten** kommen hingegen sogenannte **Bau- und Dienstleistungskonzessionen** vor. Der Unterschied zu den öffentlichen Aufträgen besteht primär darin, dass das Betriebsrisiko für die Nutzung des Bauwerks oder für die Verwertung der Dienstleistungen auf den Konzessionsnehmer übergeht und nicht von der öffentlichen Hand getragen wird. Die Vergabe solcher Konzessionen ist mit der Vergaberechtsreform vom 18.04.2016 nun auch ausdrücklich geregelt, § 105 Abs. 1 Nr. 1 *Gesetz gegen Wettbewerbsbeschränkungen* (GWB). Zusätzlich wird das einzuhaltende Verfahren bei der Vergabe von Konzessionen in der neu geschaffenen *Konzessionsvergabeverordnung* konkretisiert. Das Verfahren beruht dabei auf den gleichen Grundsätzen wie bei der Vergabe von klassischen Beschaffungsverträgen, belässt dem Auftraggeber aber mehr Spielraum beim Verfahrensablauf.

## I. Öffentlicher Auftrag

Im Grundsatz sind **alle öffentlichen Aufträge auszuschreiben**. Das sind nach § 103 Abs. 1 GWB alle

> „**entgeltlichen Verträge** zwischen öffentlichen Auftraggebern oder Sektorenauftraggebern und Unternehmen über die **Beschaffung von Leistungen,** die die **Lieferung von Waren,** die Ausführung von **Bauleistungen** oder die Erbringung von **Dienstleistungen** zum Gegenstand haben".

**In bestimmten Ausnahmefällen** kann die Vergabestelle auf die Durchführung eines Vergabeverfahrens verzichten und ein Unternehmen mit der Durchführung einer Aufgabe **direkt beauftragen**. Von einer großen praktischen Bedeutung ist dabei das Vorliegen einer sogenannten **In-House-Situation.** Unter gewissen Umständen stehen auch rechtliche Gründe anderer Art einer Ausschreibung im Wege, so dass nur ein einziges Unternehmen mit der Durchführung einer bestimmten Aufgabe beauftragt werden kann.

## II. Änderung bestehender Aufträge

Eine **Ausschreibungspflicht** kann sich nicht nur im Zusammenhang mit einem erstmaligen Beschaffungsvorgang, **sondern auch aus einer Änderung eines bestehenden Vertrages** ergeben. Eine Pflicht zur Durchführung eines Vergabeverfahrens besteht aber nur dann, wenn ein bestehender Vertrag **wesentlich verändert** wird, vgl. § 132 GWB.

Wesentlich sind Änderungen, die dazu führen, dass sich der öffentliche Auftrag **erheblich von dem ursprünglich vergebenen öffentlichen Auftrag unterscheidet.**

Eine wesentliche Änderung liegt insbesondere dann vor, wenn hierdurch neue Bedingungen oder Umstände entstehen, die, wenn sie für das ursprüngliche Vergabeverfahren gegolten hätten, u. a. die Zulassung anderer Bewerber oder Bieter oder den Zuschlag auf das Angebot eines anderen Bieters ermöglicht hätten.

Gleichzeitig hat der Gesetzgeber im Zuge der Vergaberechtsreform erstmals klargestellt, **wann keine wesentliche Änderung vorliegt und daher auch kein neues Vergabeverfahren erforderlich ist.**

Eine **Änderung eines öffentlichen Auftrags ist dabei nicht wesentlich,** wenn sich

– der Gesamtcharakter des Auftrags nicht ändert und

– der Wert der Änderung den jeweils maßgeblichen Schwellenwert nicht übersteigt und

– der Wert der Änderung den ursprünglichen Auftragswert bei Liefer- und Dienstleistungen um nicht mehr als 10 %, bei Bauleistungen um nicht mehr als 15 % übersteigt, § 132 Abs. 3 GWB.

Bei mehreren aufeinander folgenden Änderungen kommt es dabei auf den Gesamtwert der Änderungen an.

Eine **unwesentliche Änderung kann darüber hinaus auch vorliegen,** wenn

– ein neuer Auftragnehmer den bisherigen Auftragnehmer ersetzt; entweder aufgrund einer entsprechenden Vertragsklausel oder aufgrund von Unternehmensumstrukturierungen, wobei im letzten Fall der neue Auftragnehmer ebenfalls die ursprünglich festgelegten Anforderungen an die Eignung erfüllen muss,

– der bestehende Vertrag eine eindeutige Überprüfung oder Option zu Art, Umfang und Voraussetzungen einer Vertragsänderung enthält,

– der Auftraggeber selbst Pflichten des Auftragnehmers gegenüber Unterauftragnehmern übernimmt.

Schließlich ist unter der Voraussetzung, dass sich der **Preis um nicht mehr als 50 % des Wertes des ursprünglichen Auftrags erhöht, eine Auftragsänderung auch dann unwesentlich,** wenn

– zusätzliche Leistungen erforderlich geworden sind, die nicht in den ursprünglichen Vergabeunterlagen vorgesehen waren, und ein Wechsel des Auftragnehmers nicht oder nur mit erheblichen Schwierigkeiten oder beträchtlichen Zusatzkosten möglich wäre,

– die Änderung aufgrund von Umständen erforderlich geworden ist, die der öffentliche Auftraggeber nicht vorhersehen konnte und der Gesamtcharakter des Auftrags nicht verändert wird, § 132 Abs. 2.

Bei mehreren aufeinander folgenden Änderungen, kommt es bei der Frage, ob diese wesentlich sind, grundsätzlich darauf an, ob der Wert jeder einzelnen Änderung zu einer maximalen Preiserhöhung von 50 % des ursprünglichen Auftragswerts führt. Sofern aber der Verdacht besteht, dass der Auftraggeber gezielt eine Auftragsänderung, die zu einer Preiserhöhung von mehr als 50 % des ursprünglichen Auftragswertes führen würde, in mehrere Auftragsänderungen aufspaltet, um die Durchführung eines neuen Vergabeverfahrens zu vermeiden, werden die einzelnen Änderungen addiert. Im Falle einer Missbrauchsgefahr kommt es demnach auf den Gesamtwert der aufeinander folgenden Änderungen an.

Der Gesetzgeber hat mit dieser Neuregelung den Gestaltungsspielraum bei der Änderung bestehender Verträge deutlich erhöht und mehr Rechtssicherheit geschaffen. Dennoch dürfte in der Praxis stets eine sehr genaue Prüfung erforderlich sein, bevor eine nur unwesentliche Änderung bestehender Verträge angenommen wird.

## III. Auftragstyp

Bei der Frage, welche Vorschriften und welches Verfahren bei einem Beschaffungsvorgang zu beachten sind, kommt es entscheidend darauf an, ob der Auftragswert bestimmte Schwellenwerte übersteigt. Sofern die einschlägigen Schwellenwerte des § 106 GWB überschritten werden, richtet sich nämlich das Vergabeverfahren nach den kartellrechtlichen Vorschriften des GWB. In diesem Fall dürfen alle Bieter aus Mitgliedstaaten des sog. *Government Procurement Agreement*[91] an dem Ausschreibungsverfahren teilnehmen (auch missverständlich als „europaweite Ausschreibung" bezeichnet). Werden die Schwellenwerte dagegen unterschritten, kommen primär haushaltsrechtliche Bestimmungen zur Anwendung, *(dazu Näheres in Teil 5)*.

Dabei hängt der **Schwellenwert von der Natur des Auftrages, d.h. dem *Auftragstyp*, ab.** Das Vergaberecht unterscheidet hierbei zwischen folgenden Kategorien:

- **Lieferaufträge:** Beschaffung von Waren oder Ausrüstungsgegenständen, insbesondere Kaufverträge, § 103 Abs. 2 GWB.

- **Bauaufträge:** Insbesondere die Ausführung – mit oder ohne Planung – von Bauleistungen, die im Zusammenhang mit einer der im Anhang II der Richtlinie 2014/24/EU[92] und der im Anhang I der Richtlinie 2014/25/EU[93]

---

91  Das GPA ist ein internationales Abkommen zwischen Mitgliedstaaten der WTO.

92  Richtlinie 2014/24/EU des Europäischen Parlaments und des Rates vom 26.2.2014 über die öffentliche Auftragsvergabe und zur Aufhebung der Richtlinie 2004/18/EG.

genannten Tätigkeiten stehen, oder eines Bauwerks für den öffentlichen Auftraggeber oder Sektorenauftraggeber. Dieses Bauwerk muss dabei das Ergebnis von Tief- oder Hochbauarbeiten sein und eine wirtschaftliche oder technische Funktion erfüllen, § 103 Abs. 3 GWB.

Ein Bauauftrag liegt auch vor, wenn ein Dritter eine Bauleistung gemäß den vom Auftraggeber genannten Erfordernissen erbringt, die Bauleistung dem Auftraggeber unmittelbar wirtschaftlich zugutekommt und dieser einen entscheidenden Einfluss auf Art und Planung der Bauleistung hat, § 103 Abs. 3 S. 2 GWB.

– **Dienstleistungsaufträge:** Alle sonstigen öffentlichen Aufträge, § 103 Abs. 4 GWB, die keine Liefer- oder Bauaufträge im oben genannten Sinne sind.

Die Abgrenzung ist im Einzelfall nicht immer leicht zu treffen. Dies gilt insbesondere bei Aufträgen, die Elemente mehrerer Auftragstypen enthalten **(typengemischte Verträge)**. In diesen Fällen ist ausschlaggebend, welches Element den **Hauptgegenstand des Auftrages** bildet, § 110 Abs. 1 GWB. Hier ist eine inhaltliche Wertung erforderlich, die Raum für Gestaltungsspielraum lässt.

---

**PRAXISTIPP**

Schwierig ist die Abgrenzung zwischen Liefer- und Bauaufträgen, etwa wenn die Beschaffung auf die Errichtung von Energieerzeugungsanlagen gerichtet ist. Diese Aufträge haben unzweifelhaft Elemente eines Bauauftrages (Fundamentbildung, u. U. Errichtung eines Gebäudes, Lüftungsbau etc.). Allerdings liegt der Schwerpunkt der Kosten regelmäßig auf der Beschaffung der Anlagentechnik, bei der es sich in der Regel um eine standardisierte Maschinenausrüstung (beispielsweise BHKW-Module, Photovoltaik-Module) handelt. Häufig wird man daher zu der Einschätzung gelangen, dass der Auftrag als Lieferauftrag mit lediglich untergeordneten Montagebauleistungen einzustufen ist. Dabei sind die Schwellenwerte, die für Lieferaufträge gelten, niedriger als die Schwellenwerte, die für Bauaufträge gelten. Demzufolge würde sich das Vergabeverfahren regelmäßig nach den Vorschriften des GWB richten. – Allerdings muss beachtet werden, dass der Kostenanteil des jeweiligen Auftragsbestandteils nur Indizwirkung hat und im Rahmen einer Gesamtschau weitere Umstände hinzutreten können, die eine andere Einschätzung rechtfertigen.

---

93 Richtlinie 2014/25/EU des Europäischen Parlaments und des Rates vom 26.2.2014 über die Vergabe von Aufträgen durch Auftraggeber im Bereich der Wasser-, Energie- und Verkehrsversorgung sowie der Postdienste und zur Aufhebung der Richtlinie 2004/17/EG.

---

**PRAXISBEISPIEL**

In der Rechtsprechung wurde beispielweise die Beschaffung und Errichtung einer Photovoltaik-Anlage als Bauauftrag bewertet, obwohl die Lieferung der Module rund 70 % der Kosten ausmachte und damit der Kostenanteil der Warenlieferung den Kostenanteil der Bauleistung überwog. Ausschlaggebend war aber, dass mit der Anlage maßgeblich der Zweck verfolgt wurde, eine Deponie abzudichten (Bauleistung)[94].

---

Der Hauptgegenstand öffentlicher Aufträge, die sich aus unterschiedlichen Arten von Dienstleistungen[95] und/oder Lieferleistungen zusammensetzen, wird danach bestimmt, welcher geschätzte Wert der jeweiligen Liefer- oder Dienstleistungen am höchsten ist, § 110 Abs. 2 GWB.

## IV. Rahmenverträge

Eine besondere Form öffentlicher Aufträge sind Rahmenvereinbarungen.

Hierbei handelt es sich um Verträge zwischen dem Stadtwerk als öffentlichem Auftraggeber (ggf. mit anderen Auftraggebern gemeinsam), das eines oder mehrere Auftragnehmer auswählt, ohne diese unmittelbar mit der Durchführung einer Leistung zu beauftragen. Vielmehr definiert die Rahmenvereinbarung nur die Bedingungen (insbesondere den Preis), die für die Vergabe konkreter Einzelaufträge während der Laufzeit der Rahmenvereinbarung gelten sollen, § 103 Abs. 5 GWB.

Für die Vergabe von Rahmenvereinbarungen gelten im Grundsatz die gleichen Vorgaben wie für einzelne Bau-, Liefer- oder Dienstleistungen. Der Vorteil für das Stadtwerk besteht darin, dass es nach Abschluss der Rahmenvereinbarung unkomplizierte Einzelverträge schließen kann, für die die Vertragsbedingungen nicht einzeln ausgehandelt werden müssen.

Der Zeit- und Organisationsaufwand bzw. die Komplexität der Vergabe eines Einzelauftrags hängt daher ganz wesentlich von der Gestaltung der Rahmenvereinbarung ab:

– Ist nur ein Auftragnehmer ausgewählt, bedarf es keiner gesonderten Auswahl zwischen mehreren potentiellen Auftragnehmern für den Einzelauftrag.

– Definiert die Rahmenvereinbarung hinreichend präzise, nach welchen Kriterien die Einzelaufträge vergeben werden, ist auch bei mehreren Auftrag-

---

94   OLG Düsseldorf Beschl. v. 30.4.2014 – Verg 35/13.

95   Die einzelnen Dienstleistungsarten werden in § 110 Abs. 2 GWB näher bestimmt.

nehmern, mit denen die Rahmenvereinbarung besteht, keine Bewertung konkreter Angebote für die Einzelaufträge erforderlich.

– Enthält die Rahmenvereinbarung hingegen keine klaren Regelungen, nach welchen Kriterien welcher Auftragnehmer den konkreten Einzelauftrag erhält, dann bedarf es für jeden Einzelauftrag konkreter Angebote der beteiligten Auftragnehmer, wobei sämtliche Fragen bzw. Vertragsbedingungen, die in der Rahmenvereinbarung noch nicht festgelegt sind, einer Klärung bedürfen.

Wichtig ist dabei, dass Rahmenvereinbarungen nur zeitlich begrenzt abgeschlossen werden dürfen. Im Grundsatz beläuft sich die zulässige Laufzeit im Sektorenbereich auf acht Jahre und im sonstigen Vergaberecht auf vier Jahre, § 19 Abs. 3 SektVO, § 21 Abs. 6 VgV.

## V.  Auftragswert und Schwellenwerte

### 1)  Feststellung des Auftragswertes

Stehen der Beschaffungsbedarf und der Auftragstyp fest, so muss der (voraussichtliche) Wert des Auftrages geschätzt werden. Dieser ist für die Frage bedeutsam, ob bestimmte Schwellenwerte überschritten werden, von denen die Anwendbarkeit der einschlägigen Vergabeverfahrensvorschriften abhängt.

Ausschlaggebend ist dabei stets der Auftragswert ohne Umsatzsteuer. Nebenkosten, Kosten für Optionen und Vertragsverlängerungen, etwaige Prämien etc. sind vollständig in den Auftragswert einzubeziehen, § 3 Abs. 1 VgV, § 2 SektVO.

Bei Daueraufträgen, bei denen der Gesamtwert nicht vorab genau ermittelt werden kann, sind die Kosten zu schätzen, § 3 Abs. 10 VgV, VgV.

### 2)  Schwellenwerte

Nicht alle öffentlichen Aufträge unterfallen den Vorschriften für „europaweite Vergabeverfahren", die im GWB festgelegt sind. Ungeachtet der Frage, ob einzelne Vertragstypen bzw. Vertragsgegenstände von der Vergabepflicht ausgenommen sind, muss der zu erwartende Auftragswert den sog. Schwellenwert **erreichen oder überschreiten,** damit eine **Pflicht zur Durchführung eines europaweiten Vergabeverfahrens** entsteht. Hintergrund ist, dass der europäische Richtliniengeber davon ausgeht, dass die Vergabe öffentlicher Aufträge erst ab einer bestimmten Größe Relevanz für den europäischen Markt erhält.

Die Schwellenwerte werden jeweils für zwei Jahre von der EU-Kommission festgelegt und sind in europäischen Richtlinien wiedergegeben[96]. Der deutsche

---

96  Welche Richtlinie einschlägig ist, bemisst sich nach dem Auftragstypus, vgl. dazu § 106 GWB.

Gesetzgeber hat sich dabei entschieden, in § 106 GWB auf die jeweils aktuell geltenden Schwellenwerte zu verweisen, so dass eine kontinuierliche Anpassung des deutschen Rechts an die aktuellen Schwellenwerte entbehrlich ist. Diese Schwellenwerte unterscheiden sich deutlich, je nachdem, ob ein Bau-, Liefer- oder Dienstleistungsauftrag vorliegt.

Zum **01.10.2016** gelten folgende Schwellenwerte:

| | Bauaufträge | Lieferaufträge | Dienstleistungs- aufträge |
|---|---|---|---|
| **öffentliche Auftraggeber** | € 5.225.000 | € 209.000 | € 209.000 |
| **Sektorenauftraggeber: Wasser, Strom, Gas, Wärme, Verkehr** | € 5.225.000 | € 418.000 | € 418.000 |
| **Oberste bzw. obere Bundesbehörde bzw. vergleichbare Bundeseinrichtungen** | € 5.225.000 | € 135.000 | € 135.000 |

**Abbildung 6:** Schwellenwerte für Bau-, Liefer- und Dienstleistungsaufträge

**Awb Erreichen dieser Schwellenwerte** findet **das europarechtlich geprägte Kartellvergaberecht** Anwendung, welches in der deutschen Rechtsordnung in den **§§ 97 ff. GWB** Niederschlag gefunden hat. Dies hat u. a. die Anwendbarkeit der Sektorenverordnung mit weitergehenden Verfahrensvorschriften und einem strengen Rechtsschutzverfahren zur Folge.

**Unterhalb dieser Schwellenwerte ist (nur) das landesrechtlich vorgegebene Haushaltsvergaberecht** einschlägig. Dieses unterscheidet sich in seiner Regelungstiefe und dem Anwendungsbereich zwischen den Bundesländern teilweise erheblich. Gemeinsam ist den landesrechtlichen Regeln jedoch, dass bei Verstößen gegen die geltenden Verfahrensvorschriften kein Rechtsschutzsystem besteht, das unterlegenen Bietern die Anrufung der Vergabekammern und die Verhinderung eines Zuschlags an den Bestbieter ermöglicht[97]. Anders also

---

97   *Frister* in Kapellmann/Messerschmidt, § 16 VOB/A, Rn. 167.

als bei Vergabeverfahren, die sich nach dem GWB richten, kann Rechtsschutz lediglich vor den ordentlichen Gerichten gesucht werden[98].

**PRAXISTIPP**

Soweit Stadtwerke einen Auftrag nicht als Sektorenauftraggeber vergeben, wie beispielsweise im Zusammenhang mit der Abwasserentsorgung oder dem Betrieb eines Schwimmbades, reduziert sich der Schwellenwert für Liefer- und Dienstleistungsaufträge jeweils auf € 209.000.

## 3) Ermittlung des Auftragswerts

Bei der Ermittlung des für die Schwellenwerte maßgeblichen Auftragswerts ist der voraussichtliche Gesamtwert der vorgesehenen Leistung ohne Umsatzsteuer zu schätzen.

Dabei sind insbesondere die folgenden Punkte zu berücksichtigen, § 2 SektVO, § 3 VgV:

– Berechnungsgrundlage ist die gesamte Vertragslaufzeit, jedoch maximal vier Jahre. Für unbefristete Verträge werden ebenfalls vier Jahre unterstellt.

– Bei einer Losaufteilung werden alle Lose addiert.

– Optionen oder Vertragsverlängerungen sind zu berücksichtigen.

– Bei einer Rahmenvereinbarung werden die geschätzten Einzelverträge bewertet.

– Eine (künstliche) Aufteilung zur Umgehung des Vergaberechts ist nicht zulässig.

Besonders hinzuweisen ist dabei auch auf die mögliche Vergabe eines Kontingents von 20 % des Gesamtwerts ohne Anwendung des (oberschwelligen) Vergaberechts, soweit das Einzellos bei Bauleistungen unter einer Million Euro und bei Liefer- oder Dienstleistungen bei unter € 80.000 liegt, § 2 Abs. 2 SektVO, § 3 Abs. 9 VgV.

## VI. Ausnahmen von der Ausschreibungspflicht

### 1) In-House-Vergabe

Eine bedeutsame Ausnahme von der grundsätzlich bestehenden Ausschreibungspflicht hat der EuGH mit den sogenannten *In-House-Geschäften* entwi-

---

98 BVerwG, Beschl. v. 2.5.2007 – BVerwG 6 B 10.07.

ckelt[99]. Im Zuge der Vergaberechtsreform hat der deutsche Gesetzgeber diese Ausnahme sowie deren Voraussetzungen in der Neufassung des § 108 GWB übernommen. **Klassischer Anwendungsfall hierfür ist die Beauftragung der Stadtwerke durch die Stadt.**

Vom Vorliegen eines nicht ausschreibungspflichtigen In-House-Geschäfts kann dann ausgegangen werden, wenn folgende Voraussetzungen **kumulativ** vorliegen:

- der öffentliche Auftraggeber übt über den Auftragnehmer eine ähnliche Kontrolle aus wie über eine eigene Dienststelle **(staatliche Kontrolle),**

- mehr als 80 % der Tätigkeiten des Auftragnehmers dienen der Ausführung von Aufgaben, mit denen er von dem Auftraggeber betraut wurde **(Tätigkeitsschwerpunkt),** und

- an dem Auftragnehmer keine direkte private Beteiligung besteht.

In der Praxis folgt daraus für Stadtwerke das Folgende: eine Direktbeauftragung ohne Durchführung eines Vergabeverfahrens durch die Stadtwerke ist insbesondere immer dann möglich, wenn der Auftragnehmer eine Gesellschaft der Stadtwerke ist, konkret als GmbH verfasst ist und (direkt oder mittelbar) zu 100 % in kommunaler Hand steht. Darüber hinaus muss diese konkrete Gesellschaft sodann zu 80 % für die Stadt tätig werden.

---

**PRAXISTIPP**

Bei der Anwendung dieser Vorgaben besteht ein erheblicher Gestaltungsspielraum. So ist es z. B. unschädlich, wenn mehrere Kommunen direkt oder mittelbar an der zu beauftragenden Gesellschaft beteiligt sind. Auch das Erfordernis, im Schwerpunkt, nämlich zu 80 %, für den Auftraggeber tätig zu werden, ist dann auf alle kommunalen Gesellschafter als gemeinschaftliche Auftraggeber zu beziehen. Darüber hinaus bezieht sich das Erfordernis eines Tätigkeitsschwerpunkts für den Auftraggeber regelmäßig auf die konkrete Gesellschaft, d. h. den Auftragnehmer, nicht hingegen auf den überge-

---

99   So erstmals der EuGH im Urt. v. 18.11.1999 – C-107/98 (Teckal); Urt. v. 7.12.2000 – C-94/99 (ARGE Gewässerschutz); Urt. v. 11.1.2005 – C-26/03 (Stadt Halle); Urt. v. 13.10.2005 – C-458/03 (Parking Brixen); Urt. v. 10.11.2005 – C-29/04 (Stadt Mödling); Urt. v. 11.5.2006 – C-340/04 (Carbotermo); Urt. v. 19.4.2007 – C-295/05 (Asemfo/Tragsa); Urt. v. 18.12.2007 – C-220/06 (Asociación Profesional); Urt. v. 8.4.2008 – C-337/05 (Agusta); Urt. v. 17.7.2008 – C-371/05 (ASI); Urt. v. 13.11.2008 – C-324/07 (Coditel); Urt. v. 10.9.2009 – C-573/07 (Sea); Urt. v. 15.10.2009 – C-196/08 (Acoset).

ordneten Konzern, dem die Auftragsnehmergesellschaft angehört. Es spielt daher grundsätzlich keine Rolle, ob der Auftragnehmer Tochtergesellschaft eines überwiegend privatwirtschaftlich tätigen Konzerns ist, entscheidend ist allein, für wen der Auftragnehmer selbst überwiegend tätig ist. Schließlich liegt eine Tätigkeit für den Auftraggeber, d. h. die Stadt, auch dann vor, wenn der Auftragnehmer Leistungen auf der Grundlage von ihm seitens der Stadt erteilter Konzessionen erbringt. Ein Tätigwerden für die Stadt kann daher eine Vielzahl von unterschiedlichen Handlungen umfassen, die nicht unbedingt in Form eines Entgelts vergütet werden müssen. An dieser Stelle wird daher deutlich, dass es stets einer **umfassenden Einzelfallprüfung bedarf, um festzustellen, ob ein sog. In-House-Geschäft vorliegt und eine Direktvergabe zulässig ist oder nicht.**

## 2) Konzernprivileg

Darüber hinaus ist zu beachten, dass auch Stadtwerke als Auftraggeber nicht ohne Weiteres andere Konzernunternehmen oder Kooperationsgesellschaften mit anderen Stadtwerken beauftragen können.

Solche Aufträge sind jedoch nach § 138 GWB **nicht ausschreibungspflichtig, wenn**

– sie an ein Unternehmen vergeben werden, das mit dem Auftraggeber verbunden ist, oder

– sie von einem gemeinsamen Unternehmen, das mehrere Sektorenauftraggeber ausschließlich zur Durchführung einer Sektorentätigkeit von Energie- und Trinkwasserversorgung oder Verkehrsleistungen gebildet haben, an ein Unternehmen vergeben werden, das mit einem dieser Sektorenauftraggeber verbunden ist.

Diese Ausnahmen gelten allerdings nur dann, wenn das verbundene Unternehmen während der letzten drei Jahre mindestens 80 % seines Umsatzes mit der Erbringung von Sektorentätigkeiten für ein mit ihm verbundenes Unternehmen erzielt.

## 3) Allgemeine Ausnahmen

Unabhängig von den genannten Ausnahmen sind bestimmte Vertragstypen von der Anwendung des Vergaberechts ausdrücklich ausgenommen. Von besonderer Bedeutung sind für Stadtwerke insbesondere:

– Arbeitsverträge, § 107 Abs. 1 Nr. 3 GWB.

- Grundstückskaufverträge und Miet- und Pachtverträge (§ 107 Abs. 1 Nr. 2 GWB).

- Verträge über den Ankauf oder die Anmietung bereits vorhandenen unbeweglichen Vermögens sowie Rechte hieran sind nicht vergabepflichtig. Grund hierfür ist, dass in vielen Fällen lediglich wenige oder nur einzelne Grundstücke für den Abschluss des Vertrages in Betracht kommen und die Nachfrage regelmäßig ortsgebunden ist[100]. Verträge über noch nicht vorhandene, vom Vertragspartner zu erstellende Gebäude können allerdings als Bauaufträge nach § 103 Abs. 3 vergabepflichtig sein[101]. Auch die Finanzierung des Kauf- oder Mietvertrags unterliegt der Vergabepflicht.

- Der Einkauf von Energie oder Brennstoffen zur Energieerzeugung von Energieversorgern (§ 137 Abs. 1 Nr. 8 GWB).

- Finanzdienstleistungen für Sektorenauftraggeber (§ 137 Abs. 1 Nr. 4 GWB).

- Die Beschaffung von Wasser im Rahmen der Trinkwasserversorgung (§ 137 Abs. 1 Nr. 7 GWB).

Weitere ausgenommene Vertragstypen finden sich in der Auflistung der §§ 107, 108, 116, 137 GWB.

# E. Wahl des Vergabeverfahrens und Klärung wichtiger Vorfragen

## I. Übersicht über die Vergabeverfahren

Die Verfahrenstypen unterscheiden sich deutlich. Eine bewusste Entscheidung über die Verfahrenswahl ist von wesentlicher Bedeutung.

Vor einer Erläuterung der wesentlichen Verfahrensschritte in den einzelnen Verfahren sei zunächst angeführt, nach welchen Kriterien die Auswahl erfolgen kann:

### 1) Offenes Verfahren

Das offene Verfahren ist dadurch gekennzeichnet, dass **jedes interessierte Unternehmen in der EU ein Angebot vorlegen** und sich um den Auftrag bewerben kann. Das führt dazu, dass im Rahmen dieser Verfahrensart ein **völlig freier Wettbewerb** stattfindet, wodurch dem Grundsatz der **Gleichbehandlung**

---

100 Vgl. Erwägungsgründe 24 VKR, 33 SKR und 31 VSR (§ 100 Abs. 5 GWB entspricht Art. 16 lit. a) VKR, Art. 24 lit. a) SKR und Art. 13 lit e) VSR).

101 Vgl. *Weyand*, GWB, § 99, Rn. 183 ff.; EuGH Urt. v. 29.10.2009 – Az. C-536/07.

am besten Rechnung getragen wird. Das offene Verfahren ist ein **einstufiges Verfahren.** Nach der Veröffentlichung der Bekanntmachung, in der sich der Auftraggeber an eine unbeschränkte Anzahl von Unternehmen wendet und diese zur Abgabe von Angeboten und erforderlichen Eignungsnachweisen auffordert, werden die **Vergabeunterlagen an interessierte Unternehmen** herausgegeben. Auf Grundlage der Vergabeunterlagen geben die Unternehmen ihre Angebote ab, die anschließend im Rahmen einer **einheitlichen Eignungs- und Angebotsprüfung** bewertet werden. **Verhandlungen mit einzelnen Bietern finden nicht statt.** Es ist deswegen unbedingt erforderlich, dass alle Details vor Beginn der Ausschreibung bereits abschließend festgelegt werden und dafür keine Expertise von Bietern mehr gebraucht wird.

---

**PRAXISTIPP**

Typische Fälle der Vergabe im offenen Verfahren sind **alle Arten von Standardleistungen** ohne besondere qualitative und quantitative Anforderungen an den Beschaffungsgegenstand oder an die Bieter[102], z. B. **Standard-Bauvergaben** ohne besondere Anforderungen an die Materialien oder Sanierungsmaßnahmen ohne Besonderheiten. Im Bereich der Lieferleistungen sind dies beispielsweise Beschaffungen von **handelsüblichen Büromöbeln und Inventar** sowie standardisierten **IT-Produkten.** Im Dienstleistungsbereich können das **Gebäudereinigungsverträge, Bewachungsdienstleistungen**[103], **Abfall- und Entsorgungsdienstleistungen** und sonstige Dienstleistungen sein, die sich standardisieren lassen.

---

Von einem *offenen Verfahren* spricht man dabei lediglich, sofern eine Vergabe nach den §§ 97 ff. GWB stattfindet, der **Auftragswert den einschlägigen Schwellenwert also übersteigt.** Bei der Vergabe von Aufträgen, die die Schwellenwerte unterschreiten, spricht man dagegen von einer *öffentlichen Ausschreibung*, die dem offenen Verfahren im Wesentlichen entspricht.

### 2) Nicht-offenes Verfahren

Das nicht-offene Verfahren ist **ein zweistufiges Verfahren,** das sich vom offenen Verfahren dadurch unterscheidet, dass das Stadtwerk zunächst im Rahmen eines **Teilnahmewettbewerbs die Bieter auswählen** darf, die dann die Verdingungsunterlagen erhalten und ein Angebot abgeben[104]. Im Übrigen entspricht

---

102 *Noch*, Vergaberecht, Rn. 524.

103 OLG Düsseldorf, Beschl. v. 4.7.2005 – VII-Verg 38/05.

104 Vgl. § 119 Abs. 4 GWB.

es dem offenen Verfahren: Es finden **keine Verhandlungen mit ausgewählten Bietern** statt. Auch im nicht-offenen Verfahren geben Bieter ein Angebot auf bereits abschließend formulierte Verträge und Leistungsverzeichnisse ab.

---

**PRAXISTIPP**

Das Verfahren eignet sich vor allem dann, **wenn besonders vertrauliche Unterlagen** an die Bieter weitergegeben werden sollen oder die **Leistung** so **komplex ist,** dass nur ausreichend leistungsfähige Unternehmen sich damit beschäftigen sollen[105].

Im nicht-offenen Verfahren werden typischerweise solche komplexe Leistungen wie **der Rückbau eines Kraftwerks** oder die **Betriebsführung der Wasserver- und Abwasserentsorgung** für einen Wasserzweckverband beschafft, die eine besondere Zuverlässigkeit erfordern. Ferner können auch **besondere Sicherheitsinteressen** des Staates für die Wahl des nicht-offenen Verfahrens ausschlaggebend sein.

---

### 3) Verhandlungsverfahren mit Teilnahmewettbewerb

Das Verhandlungsverfahren stellt ein **zweistufiges Verfahren** dar. Im ersten Schritt führt der Auftraggeber einen **Teilnahmewettbewerb** durch, in dessen Rahmen eine **Auswahl der als geeignet erachteten Bieter** erfolgt und nur diese zur Abgabe eines Angebots auf Grundlage der ihnen zur Verfügung gestellten Vergabeunterlagen aufgefordert werden. Daraufhin reichen die Bieter **indikative Angebote ein,** über die im zweiten Schritt **verhandelt** werden kann. Der Zuschlag erfolgt auf die im Anschluss abgegebenen verbindlichen Angebote, die das Ergebnis der Verhandlungen berücksichtigen.

In der **Zulässigkeit der Verhandlungen** besteht der größte Unterschied und Vorteil des Verhandlungsverfahrens im Vergleich zum offenen und nicht-offenen Verfahren. Stadtwerke können als Auftraggeber noch im Verfahren die **Expertise der beteiligten Bieter nutzen, um die Verträge und Leistungsverzeichnisse zu präzisieren.**

---

**PRAXISTIPP**

Typische Anwendungsfälle sind **komplexere Leistungen,** wie etwa die Beschaffung von **IT-Systemen** oder **Erzeugungsanlagen.**

---

105 *Noch*, Vergaberecht, Rn. 541.

## 4) Sonderfall: Verhandlungsverfahren ohne Teilnahmewettbewerb

In bestimmten **Ausnahmefällen** kann ein Verhandlungsverfahren **ohne Teilnahmewettbewerb** durchgeführt werden[106]. Bei dieser Verfahrensart handelt es sich um ein Verfahren, bei dem eine **beschränkte Anzahl von geeigneten Unternehmen** (unter Umständen auch nur eines) **zur Abgabe von Angeboten aufgefordert** wird[107]. Die für den Teilnahmewettbewerb charakteristische Eignungsprüfung findet nicht statt[108]. Nach der Einreichung von Angeboten kann **über den gesamten Auftragsinhalt und den Preis verhandelt** werden. In der Praxis kommt dieses Verfahren einer Direktvergabe ohne förmliche Ausschreibung sehr nahe. Auch wenn bei diesem Verfahrenstyp **verhältnismäßig geringfügige Anforderungen** an die Auftragsbekanntmachung, die Auswahl der Teilnehmer und die Transparenz gelten, müssen zwingend **einzuhaltende Fristen,** wie z. B. Informations- und Wartefristen von zehn bzw. 15 Kalendertagen beachtet werden, § 134 GWB. Vergebene Aufträge sind nach Abschluss des Verfahrens **im Amtsblatt der EU bekannt zu machen.**

Ein Verhandlungsverfahren ohne Bekanntmachung kommt nur dann in Betracht, wenn **Schwellenwerte erreicht oder überschritten** sind. Die Auswahl dieser Art von Verfahren ist in jedem Fall **gründlich zu dokumentieren und zu begründen,** da es sich um eine besondere Ausnahme handelt[109].

Die Verordnungen definieren die möglichen Anwendungsfälle zudem abschließend, § 13 Abs. 2 SektVO, § 14 Abs. 4 VgV.

In der Praxis sind insbesondere die folgenden Konstellationen bedeutsam, die ein Verhandlungsverfahren ohne Teilnahmewettbewerb rechtfertigen:

- **Keine oder keine geeigneten Angebote** oder Bewerbungen

  Diese Situation liegt vor, wenn entweder gar kein Angebot eingegangen ist oder keines der eingegangenen Angebote den Zuschlag erhalten kann. Das ist der Fall, wenn keines der Angebote in die engere Wahl gekommen ist, wobei der Grund nicht maßgeblich ist[110]. Die ursprünglichen Bedingungen dürfen dabei nicht grundlegend verändert werden[111].

---

106 Vgl. § 13 Abs. 2 SektVO; § 14 Abs. 4 VgV.
107 *Antweiler* in Ziekow/Völlink, GWB, § 101, Rn. 31.
108 *Pünder* in Pünder/Schellenberg, GWB, § 101, Rn. 77.
109 BGH NZBau 2010, 124 (Rn. 54.).
110 *Völlink* in Ziekow/Völlink, SektVO, § 6, Rn. 8.
111 *Völlink* in Ziekow/Völlink, SektVO, § 6, Rn. 8.

– Vergabe ist nur an ein **bestimmtes Unternehmen möglich bzw. sinnvoll**

Der Auftrag kann aus technischen oder künstlerischen Gründen oder auf Grund des Schutzes von Ausschließlichkeitsrechten nur von einem bestimmten Unternehmen ausgeführt werden. Das ist insbesondere dann der Fall, wenn der Auftrag notwendigerweise die Verfügungsbefugnis über einen bestimmten Gegenstand voraussetzt und deshalb nur von dessen Eigentümer ausgeführt werden kann[112].

– Fälle **äußerster Dringlichkeit**

Ein Verhandlungsverfahren ohne Teilnahmewettbewerb kann auch dann durchgeführt werden, wenn es bei äußerster Dringlichkeit im Zusammenhang mit Ereignissen, die die Auftraggeber nicht vorhersehen konnten, nicht möglich ist, die in den offenen, nicht-offenen oder den Verhandlungsverfahren mit Bekanntmachung vorgesehenen Fristen einzuhalten. Da bei der Vergabe als Sektorenauftraggeber die Möglichkeit einer Fristverkürzung besteht, muss die Auftragsvergabe derart dringlich sein, dass selbst die im offenen Verfahren geltenden 15 Kalendertage nicht mehr eingehalten werden können.

– **Zusätzliche Lieferungen oder Leistungen (Anschlussleistungen)**

Hin und wieder gibt es Situationen, in denen zusätzliche Lieferungen zur teilweisen Erneuerung oder Erweiterung von bereits erbrachten Lieferungen oder Einrichtungen erforderlich werden. Würde ein Wechsel des Lieferanten dabei zu technischen Schwierigkeiten bei der Durchführung, insbesondere zu technischen Inkompatibilitäten mit den bereits vorhandenen Einrichtungen führen, so kann dem Auftraggeber unter Umständen das dabei entstehende Risiko nicht zugemutet werden. Dies ist in der Praxis häufig bei **IT-Dienstleistungen** der Fall.

– **Gelegenheitskäufe und Insolvenzkäufe**

Auf ein wettbewerbliches Verfahren kann auch dann verzichtet werden, wenn die benötigten Waren aufgrund einer besonders günstigen Gelegenheit (gemeint ist eine geradezu *einmalige* Beschaffungsmöglichkeit), die sich für einen sehr kurzen Zeitraum ergeben hat, zu einem erheblich unter den marktüblichen Preisen liegenden Preis beschafft werden können.

### 5) Wettbewerblicher Dialog

Beim wettbewerblichen Dialog führt der Auftraggeber, nachdem eine unbeschränkte Anzahl von Unternehmen öffentlich zur Abgabe von Teilnahmeanträ-

---

112 OLG Düsseldorf NZBau 2004, 175; OLG München NJWE-WettbR 1996, 262, 263.

gen aufgefordert wurde, mit **ausgewählten Bewerbern einen Dialog über alle Aspekte des Auftrags.** Ziel des Dialogs ist es, eine **den Bedürfnissen und Anforderungen des Auftraggebers entsprechende Lösung zu ermitteln,** auf deren Grundlage die jeweiligen Bewerber zur Angebotsabgabe aufgefordert werden.

## 6) Innovationspartnerschaft

Zum Zwecke der **Entwicklung und einem anschließenden Erwerb einer neuen, auf dem Markt noch nicht verfügbaren Leistung** kann der Auftraggeber auf die Innovationspartnerschaft zurückgreifen. Eine Innovationspartnerschaft stellt ein **Verhandlungsverfahren** dar, das in einem frühen Stadium der Leistungsentwicklung beginnt, und setzt voraus, dass der Beschaffungsbedarf nicht durch bereits auf dem Markt verfügbare Bau-, Liefer- oder Dienstleistungen gedeckt werden kann.

In der Auftragsbekanntmachung beschreibt der Auftraggeber die Nachfrage nach der innovativen Leistung. Dabei müssen die **genauen Mindestanforderungen** an die erwartete Leistung sowie **präzise Eignungskriterien** der in Betracht kommenden Unternehmen vorgegeben werden.

## II. Wahlfreiheit des Auftraggebers

Bei der Wahl des Vergabeverfahrens kann ein Stadtwerk nicht beliebig vorgehen und seine Entscheidung allein an den Vorteilen einer bestimmten Verfahrensart orientieren, vielmehr muss es bestimmte Vorgaben beachten. Dabei haben sog. Sektorenauftraggeber im Verhältnis zu anderen Auftraggebern einen größeren Entscheidungsspielraum. Regelmäßig werden Stadtwerke Aufträge als derartige Sektorenauftraggeber vergeben, so dass ihnen dieser Entscheidungsspielraum auch zukommt.

### 1) Wahlfreiheit des Stadtwerks als Sektorenauftraggeber

Sofern ein Stadtwerk als **Sektorenauftraggeber** tätig wird, hat es bei der Auswahl des Verfahrens einen verhältnismäßig großen Entscheidungsspielraum. Sektorenauftraggeber sind dabei Auftraggeber, die einer bestimmten **Tätigkeit im Bereich Wasser, Elektrizität, Gas und Wärme, Verkehr oder Infrastruktur** nachgehen[113]. Sektorenauftraggeber können dabei u. a. **Eigenbetriebe, Zweckverbände sowie juristische Personen des Privatrechts** sein, die **überwiegend unter staatlicher Kontrolle oder Beherrschung** stehen[114].

---

113 Die einzelnen Sektorentätigkeiten sind in § 102 GWB aufgelistet.

114 Siehe dazu §§ 99, 100 GWB; Eigenbetriebe sind dabei *Sondervermögen*; dies wird regelmäßig in den Kommunalverfassungen oder Gemeindeordnungen klargestellt.

Stadtwerke werden daher bei ihrer Bedarfsbeschaffung nicht selten als Sektorenauftraggeber auftreten. In diesem Fall können sie **frei zwischen vier Verfahren** wählen (vgl. § 13 Abs. 1 SektVO):

- dem offenen Verfahren,
- dem nicht-offenen Verfahren,
- dem Verhandlungsverfahren mit (und ohne[115]) Teilnahmewettbewerb,
- dem wettbewerblichen Dialog.

Die Innovationspartnerschaft kommt nur unter bestimmten Voraussetzungen in Betracht, § 18 SektVO, dürfte in der Praxis aber auch sehr selten zur Anwendung kommen.

## 2) Wahlfreiheit des Stadtwerks als sonstiger Auftraggeber

Soweit Stadtwerke einen Auftrag vergeben und dabei nicht Sektorenauftraggeber sind, weil sie nicht einer im GWB abschließend benannten Sektorentätigkeit nachgehen (z. B. Abwasserentsorgung oder der Betrieb eines Schwimmbades), **gilt ein Vorrang des offenen und des nicht-offenen Verfahrens, § 14 VgV.** Dieser Vorrang ist auch zwingend zu beachten, denn den an der Durchführung eines Vergabeverfahrens interessierten Unternehmen steht ein vergaberechtlicher Anspruch auf Beachtung der Verfahrenshierarchie zu, der vor der Vergabekammer geltend gemacht werden kann. Auch aus Fördermittelbescheiden kann sich Ähnliches ergeben. Die **anderen Verfahren dürfen ausnahmsweise gewählt werden,** wenn besondere Voraussetzungen erfüllt sind, die in § 14 Abs. 3 und 4 VgV näher bestimmt sind.

---

**PRAXISTIPP**

In der Praxis wählen Stadtwerke wie auch andere öffentliche Auftraggeber das offene Verfahren oder das Verhandlungsverfahren; das nicht-offene Verfahren und der wettbewerbliche Dialog sind hingegen sehr selten. Bei der Wahl des Vergabeverfahrens sollen solche Faktoren berücksichtigt werden wie Komplexität und Innovationscharakter der Leistung, das Verhältnis zwischen dem Auftragsvolumen und dem Verfahrensaufwand sowie Geheimhaltungserfordernisse. Der wettbewerbliche Dialog und die Innovationspartnerschaft dienen der Vergabe besonders komplexer Aufträge mit einem definierungsbedürftigen Konzept, das erst im Rahmen der Verhandlungen mit den Bietern herausgearbeitet werden kann. Dementsprechend kommen diese Verfahrensarten nur selten in Betracht.

---

115 Siehe dazu oben unter E.I.4); auch: § 13 Abs. 2 SektVO.

## III. Grundlegende Festlegungen zum Vergabeverfahren

### 1) Leistungsbeschreibung

Stadtwerke müssen als öffentliche Auftraggeber die Leistung **eindeutig und so erschöpfend** wie möglich beschreiben, sodass die Beschreibung für alle Unternehmen im gleichen Sinne **verständlich** ist und die **Angebote miteinander verglichen werden können,** § 121 GWB.

Die Leistungsbeschreibung ist das Dokument, in dem der öffentliche Auftraggeber den Inhalt und Umfang des zu vergebenden Auftrages definiert. Sie stellt die wichtigste Leistung dar, die der Auftraggeber im Rahmen der Auftragsvergabe zu erbringen hat und ist die entscheidende Weichenstellung für den reibungslosen Ablauf des Verfahrens[116]. Deswegen ist bei der Erstellung von Leistungsbeschreibungen **besondere Gründlichkeit geboten.**

Die Bedeutung einer präzisen Leistungsbeschreibung wird insbesondere im offenen Vergabeverfahren deutlich: Hier sind Verhandlungen zwischen Auftraggeber und Bieter oder Änderungen an der Leistungsbeschreibung durch den Bieter unzulässig. Das Leistungsverzeichnis dient als eine Art Formular, in welches der Bieter lediglich die von ihm bestimmten Preise einsetzt. **Der Inhalt des abzuschließenden Vertrages wird im offenen Verfahren somit durch die Leistungsbeschreibung festgelegt.**

Bei der Beschreibung der Leistung müssen folgende Grundsätze Beachtung finden:

– Der Grundsatz der diskriminierungsfreien Beschaffung erfordert eine möglichst **produktneutrale Leistungsbeschreibung.** Fabrikate bestimmter Hersteller dürfen nur dann explizit nachgefragt werden, wenn dafür ein sachlicher Grund besteht. In der Regel sollte der Leistungsumfang abstrakt beschrieben werden; eine Bezugnahme auf bestimmte Fabrikate als Leitfabrikate (Markennamen, Warenzeichen) ist nur zulässig, wenn die Beschreibung durch allgemeine Bezeichnungen nicht ausreichend genau möglich ist und deutlich wird, dass auch andere Fabrikate akzeptiert werden, deren Gleichwertigkeit mit dem Leitfabrikat durch den Bieter dokumentiert werden kann. In solchen Fällen muss die Beschreibung den Zusatz „oder gleichwertiger Art" enthalten[117].

– Bei der Leistungsbeschreibung müssen **verkehrsübliche Bezeichnungen** beachtet werden. Für die Beschreibung von Leistungen bei der Vergabe

---

116 VK Lüneburg Beschl. v. 12.4.2002 – 203-VgK-05/02, S. 6 u. 10: „Die Leistungsbeschreibung ist das Kernstück der Vergabeunterlagen".

117 § 28 Abs. 6 SektVO, § 31 Abs. 6 VgV.

von Aufträgen im Bereich oberhalb der Schwellenwerte gibt es Empfehlungen der Kommission über die Verwendung eines einheitlichen Vokabulars (CPV – Common Procurement Vocabulary)[118].

– Bei der Beschaffung von Leistungen, die zur Nutzung durch natürliche Personen vorgesehen sind, müssen bei der Erstellung der Leistungsbeschreibung grundsätzlich die **Zugänglichkeitskriterien für Menschen mit Behinderung** berücksichtigt werden, § 121 Abs. 2 GWB, § 28 Abs. 5 SektVO.

**Unklarheiten** in der Leistungsbeschreibung gehen **grundsätzlich zu Lasten des Auftraggebers,** nicht des Bieters[119]. Der Bieter muss jedoch dann, wenn er einen Fehler in der Leistungsbeschreibung erkennt, eine entsprechende **Rüge** erheben, sonst sind Schadensersatzansprüche ausgeschlossen[120].

Den Regelfall der Leistungsbeschreibung stellt die **Leistungsbeschreibung mit Leistungsverzeichnis** dar.

---

**PRAXISTIPP**

Die Leistungsbeschreibung ist auch den Vergabeunterlagen beizufügen, die den Bietern mit Bekanntmachung im EU-Amtsblatt im Grundsatz unentgeltlich, vollständig und direkt abrufbar zur Verfügung stehen müssen, § 41 SektVO, § 40 VgV.

---

### 2) Sonderfall: Funktionale Leistungsbeschreibung

Neben dem Regelfall der Leistungsbeschreibung mit Leistungsverzeichnis gibt es auch die **„funktionale" Leistungsbeschreibung.** Ungeachtet des Grundsatzes einer erschöpfenden Leistungsbeschreibung gibt es nämlich Fälle, in denen das Stadtwerk den Bietern einen **gewissen Spielraum bei der Gestaltung ihres Angebotes einräumen will.** Das kann beispielweise der Fall sein, wenn mehrere denkbare Varianten zur Erzielung des gewünschten Effektes existieren und das Stadtwerk die beste Lösung im Wettbewerb ermitteln will.

Eine funktionale Leistungsbeschreibung enthält – im Gegensatz zu der Leistungsbeschreibung mit Leistungsverzeichnis – (nur) eine **Beschreibung der gewünschten Funktionalität der angebotenen Leistung.** Die **Wahl des technischen Mittels** zur Erreichung dieser Funktionalität **bleibt dem Bieter überlassen**[121].

---

118 Abrufbar unter: https://www.deutsches-ausschreibungsblatt.de/da/service/cpv-codes/
119 OLG Schleswig, Urt. v. 25.09.2009 – 1 U 42/08.
120 BGH, Urt. v. 01.08.2006 – X ZR 146/03.
121 *Bernhardt* in Ziekow/Völlink, VOB/A, § 7, Rn. 54.

**PRAXISBEISPIEL**

Bei einer Ausschreibung von IT-Leistungen für ein Stadtwerk werden nur die gewünschten Funktionen beschrieben, die Wahl der Systemarchitektur bleibt den Bietern überlassen.

Der größte Vorteil der funktionalen Leistungsbeschreibung besteht in der Unterbreitung eigener Lösungsvorschläge durch die Bieter. Dadurch wird Platz für **unternehmerisches Know-how** und **außergewöhnliche Lösungen** geschaffen, die die Vorstellungen und Erwartungen des Auftraggebers übertreffen können[122]. Es handelt sich deshalb häufig auch um ein **Mittel zur staatlichen Innovationsförderung.**

Trotz dieser Vorteile sollte die Wahl einer funktionalen Leistungsbeschreibung nicht unüberlegt erfolgen. Denn obwohl diese Ausschreibungsart auf den ersten Blick als unkompliziert und zeitsparend erscheint, stellt sie im Vergleich zur Leistungsbeschreibung mit Leistungsverzeichnis **grundsätzlich die anspruchsvollere Lösung** dar.

Zum einen steht der Zeitersparnis, die infolge der funktionalen Leistungsbeschreibung erreicht wird, **der höhere Aufwand** entgegen, der später erforderlich ist, um die Angebote zu bewerten und eine große Anzahl von Nachfragen und eventuellen Nachverhandlungen zu bearbeiten. Denn die eingereichten Angebote werden unterschiedliche Lösungsansätze enthalten. Außerdem muss die funktionale Ausschreibung **besonders sorgfältig vorbereitet werden,** um die **nötige Bestimmtheit** für alle Bieter und somit die Vergleichbarkeit der Angebote zu erreichen.

Somit birgt die funktionale Leistungsbeschreibung **nicht unerhebliche Risiken** für den Auftraggeber, vor allem **in Bezug auf die Wirtschaftlichkeit** der Vergabe. Es ist daher in den meisten Fällen einfacher, auf die Leistungsbeschreibung mit Leistungsverzeichnis zurückzugreifen. In den Fällen der sogenannten Innovationsförderung verdient dagegen die funktionale Leistungsbeschreibung den Vorzug.

### 3) Losaufteilung

Grundsätzlich sollen Aufträge in der Menge aufgeteilt **(Teillos)** und getrennt nach Art und Fachgebiet **(Fachlos)** vergeben werden[123]. Diese Vorgabe soll es vor allem auch mittelständischen Unternehmen ermöglichen, sich an einer Aus-

---

122 *Bernhardt* in Ziekow/Völlink, VOB/A, § 7, Rn. 55.
123 § 97 Abs. 4 GWB.

schreibung zu beteiligen. Mehrere Teil- oder Fachlose dürfen aber **ausnahmsweise zusammen vergeben** werden, wenn wirtschaftliche oder technische Gründe dies erfordern.

In jedem Einzelfall sollte hierfür eine umfassende Abwägung der Vor- und Nachteile einer Einzel- oder einer Gesamtvergabe erfolgen. Eine **Gesamtvergabe** kann dabei in der Regel **nicht durch die folgenden Punkte gerechtfertigt werden:**

- den allgemeinen Ausschreibungs-, Prüfungs- und Koordinierungsaufwand bei einer losweisen Vergabe,
- den höheren Aufwand bei Gewährleistungen.

Ansonsten wäre eine Gesamtvergabe immer möglich. Nicht erforderlich ist andererseits aber eine so starke Losaufteilung, dass sich jedes mittelständische Unternehmen bewerben kann[124]. Es besteht auch keine Pflicht zur Losaufteilung, um bestimmte Märkte zu bedienen[125].

## 4) Zulassung von Nebenangeboten

Nebenangebote sind Angebote, die von der Leistungsbeschreibung mit Leistungsverzeichnis inhaltlich abweichen. Ähnlich der funktionalen Leistungsbeschreibung dienen die Nebenangebote dem **Zweck, Lösungen zu finden, an die der Auftraggeber bei der Vorbereitung der Leistungsbeschreibung nicht gedacht hat.** Nebenangebote machen es Bietern möglich, eigenes Know-how bei der Entwicklung der Lösung einzubringen und ihre Wettbewerbschancen dadurch zu verbessern, was letztlich auch dem Auftraggeber wirtschaftlichen Nutzen bringen kann.

Nebenangebote dürfen aber nur dann gewertet werden, wenn der Auftraggeber sie in der Ausschreibung **ausdrücklich zugelassen** hat[126]. Außerdem muss der Auftraggeber **Mindestvorgaben** aufstellen, welche die Nebenangebote erfüllen müssen. Dies dient der Herstellung einer Vergleichbarkeit von Haupt- und Nebenangeboten. Dabei steht der Auftraggeber vor der Aufgabe, alle Mindestanforderungen ganz genau formulieren zu müssen, was seinerseits einen nicht unerheblichen Aufwand bedeutet.

Nebenangebote können nach der Vergaberechtsreform (entgegen einer älteren Rechtsprechung des BGH) auch zugelassen oder vorgeschrieben werden, wenn der **Preis das alleinige Zuschlagskriterium** ist.

---

124 OLG Karlsruhe, Entscheidung v. 6.4.2011, 15 Verg 3/11, NZBau 2011, 567.
125 OLG Düsseldorf, Beschl. v. 21.3.2012, VII VerG 92/11, NZBau 2012, 515.
126 § 33 Abs. 1, 2 SektVO, § 5 Abs. 1 VgV.

## 5) Wertungskriterien

### a) Bedeutung von Wertungskriterien

Eine transparente Auftragsvergabe setzt voraus, dass alle Bieter sich darüber im Klaren sind, auf welche Kriterien der Auftraggeber seine Entscheidung stützen wird[127]. Im Vergabeverfahren müssen daher die Wertungskriterien **von Anfang an feststehen** und **diskriminierungsfrei bekannt gegeben** werden[128]. Sie können im Laufe des Verfahrens **nicht mehr geändert werden**. Ihre Auswahl verdient daher besondere Aufmerksamkeit.

### b) Die zulässigen Wertungskriterien

Die Wertungskriterien werden entweder in der Bekanntmachung oder in der Aufforderung zur Angebotsabgabe benannt. Dabei muss zwischen den **Eignungskriterien** und **Zuschlagskriterien** unterschieden werden.

– Die **Eignungskriterien** betreffen die **Person des Bieters** und sind nach der Prüfung des Vorliegens von formellen Ausschlussgründen bzw. im Verhandlungsverfahren im Rahmen eines Teilnahmewettbewerbes zu prüfen[129]. Die Eignungskriterien müssen bereits **in der Bekanntmachung** angegeben werden, dürfen jedoch später konkretisiert werden. Nachträglich geforderte Eignungsnachweise müssen von dem Bieter nicht erfüllt werden.

Die Eignungskriterien dürfen **ausschließlich** Folgendes betreffen:

- Befähigung und Erlaubnis zur Berufsausübung,
- wirtschaftliche und finanzielle Leistungsfähigkeit,
- technische und berufliche Leistungsfähigkeit[130].

Bei Bietergemeinschaften wird deren Eignung einheitlich bewertet. Bedient sich ein Bieter eines oder mehrerer Unterauftragnehmer, ist dies nur möglich, wenn der/die Unterauftragnehmer eine Verpflichtungserklärung vorlegen. Darin müssen sie erklären, dass die für den Auftrag erforderlichen Mittel tatsächlich dem Bieter zur Verfügung stehen werden und sie die erforderlichen Voraussetzungen selbst erfüllen.

– Bei den **Zuschlagskriterien** handelt es sich um Anforderungen, die an das **konkrete Angebot** gestellt werden. Anhand dieser Kriterien wird letztendlich das Angebot ausgewählt, welches den Zuschlag erhalten soll.

---

127 *Fehling* in Pünder/Schellenberg, GWB, § 97, Rn. 65.
128 § 8a VOB/A i. V. m. I VO (EG) 1564/2005, § 9 EG VOL/A; *Dörr* in Dreher/Motzke, BeckOK Vergaberecht; GWB; § 97, Rn. 29.
129 *Fehling* in Pünder/Schellenberg; GWB; § 97, Rn. 107.
130 § 122 Abs. 2 Satz 2 GWB.

Eignungskriterien und Zuschlagskriterien müssen grundsätzlich streng auseinandergehalten werden. Eine Ausnahme besteht dann, wenn die Organisation, Qualifikation und Erfahrung des mit der Ausführung des Auftrags betrauten Personals erheblichen Einfluss auf das Niveau der Auftragsausführung haben[131].

### c) Wertungskriterien in der Auswahlentscheidung

Das Vergaberecht schreibt zum Inhalt der Auswahlentscheidung nur vor, dass das **wirtschaftlichste Angebot** den Zuschlag erhalten soll, § 127 Abs. 1 S. 1 GWB. Das wirtschaftlichste Angebot ist **nicht zwingend das billigste Angebot,** § 127 GWB. Ziel ist vielmehr die Auswahl des besten Verhältnisses zwischen Leistung und Preis, § 52 Abs. 2 SektVO, § 58 Abs. 2 VgV.

Zur Ermittlung des wirtschaftlichsten Angebots können auch **qualitative, umweltbezogene oder soziale Aspekte**[132] berücksichtigt werden. **Es obliegt daher dem Auftraggeber, in der Leistungsbeschreibung und den Wertungskriterien deutlich zu machen, welche Eigenschaften der nachgefragten Leistung oder des Produktes von besonderer Bedeutung** für ihn sind und diesen einen entsprechenden Stellenwert in den Wertungskriterien einzuräumen. Kommt es dem Auftraggeber ausschließlich auf den günstigsten Preis an (beispielsweise bei stark standardisierten Produkten, wenn keine nennenswerten Qualitätsabweichungen möglich sind), kann der Preis als einziges Wertungskriterium angegeben werden[133].

---

**PRAXISTIPP**

Eine **Kombination von Preis- und Wertungskriterien** empfiehlt sich, wenn die Leistungsbeschreibung inhaltliche Abweichungen bei der Leistungserbringung zulässt. Die Unterschiede in den Angeboten der Wettbewerber können im Rahmen der Qualitätskriterien bewertet werden. Erforderlich ist allerdings eine **möglichst genaue Beschreibung,** worauf es dem Auftraggeber bei der Qualitätsbeurteilung ankommt, und eine Festlegung, in welchem Umfang die Qualitätskriterien neben dem Preis in die Entscheidung einfließen werden[134]. Will der Auftraggeber **auf bestimmte qualitative Merkmale**

---

131  § 52 Abs. 2 Nr. 2 SektVO, § 58 Abs. 2 VgV.

132  Vgl. dazu auch die landesrechtlichen Bestimmungen *(Teil 6).*

133  *Frister* in Kappelmann/Messerschmidt, VOB/A, § 6 Rn. 128a. Vgl. EuGH, Urt. v. 7.10.2004, RS. C-247/02 (Sintesi), VergabeR 2005, 62: Auf ein Vorabentscheidungsersuchen hat der EuGH die nach italienischem Recht vorgeschriebene Auftragsvergabe allein nach dem niedrigsten Preis als nicht EG-rechtskonform bewertet.

134  *Opitz* in Dreher/Motzke, BeckOK-Vergaberecht, GWB, § 97, Rn. 19.

keinesfalls verzichten, hat er die Möglichkeit, diese als **Mindestanforderungen** im Rahmen der Wertungskriterien zu definieren. Angebote, welche die Mindestanforderungen nicht erfüllen, werden aus der Wertung ausgeschlossen, ohne dass es auf die Wertung des angebotenen Preises (oder weiterer Kriterien) ankommt[135]. Ein derartiges Vorgehen ist in der Regel nur sinnvoll **bei funktionalen Leistungsbeschreibungen,** welche dem Bieter einen Spielraum bei der Definition des Leistungsumfanges bieten. Hat der Auftraggeber eine erschöpfende Leistungsbeschreibung vorgelegt, gibt diese die Mindestanforderungen an die Leistung vor und Angebote, welche sie nicht erfüllen, werden wegen Unvollständigkeit von der Wertung ausgeschlossen.

### d) Veröffentlichung der Wertungskriterien

Die Zuschlagskriterien können entweder in **der Bekanntmachung** oder mit den **Vergabeunterlagen** veröffentlicht werden[136]. Jedenfalls müssen die am Auftrag interessierten Unternehmen über alle Wertungskriterien und deren Bedeutung im Zeitpunkt der Angebotserstellung informiert werden. Umgekehrt darf der Auftraggeber **keine Zuschlagskriterien** anwenden, **die** er den am Auftrag interessierten Unternehmen **nicht vorher zur Kenntnis gebracht hat**[137].

An dieser Stelle muss erneut besonders betont werden, dass die Zuschlagskriterien im Verlauf des Vergabeverfahrens **grundsätzlich nicht mehr geändert werden können**[138]. Das gilt auch dann, wenn sich herausstellen sollte, dass die Angebote unerwartet Qualitätsunterschiede enthalten und das günstigste Angebot (niedrigster Preis) im Vergleich zu anderen ein schlechteres Verhältnis zur angebotenen Leistung aufweist. Sofern das Angebot die Leistungsbeschreibung erfüllt und keine Ausschlusskriterien vorliegen, muss es den Zuschlag erhalten. Eine präzise Definition, worauf es dem Auftraggeber bei seiner Entscheidung ankommt, ist daher zwingend erforderlich.

Zwingend erforderlich ist auch eine **Gewichtung der einzelnen Zuschlagskriterien**[139]. Ober- und Unterkriterien können, müssen aber nicht gebildet werden.

---

135 *Opitz* in Dreher/Motzke, BeckOK-Vergaberecht; GWB; § 97, Rn. 28.

136 *Opitz* in Dreher/Motzke, BeckOK-Vergaberecht; § 97 GWB, Rn. 25.

137 EuGH, Urt. v. 12.12.2002 – RS. C-470/99 (Universale Bau AG) Slg. 2002, I-11617; Vgl. BGH Urt. v. 8.9.1998 – X ZR 109/96; Urt. v. 17.2.1999 – X ZR 101/97; Urt. v. 3.6.2004 – X ZR 30/03.

138 BGH, Urt. V. 17.2.1999; NJW 2000, 137 = BauR 1999, 736; VK Sachsen Beschl. v. 15.8.2002, 1/SVK/075-02; *v. Rintelen* in Kapellmann/Messerschmidt, § 8 EG VOB/A, Rn. 24.

139 § 52 Abs. 3 SektVO, § 58 Abs. 3 VgV.

# Teil 4    Das Vergabeverfahren in der Praxis (Ringwald)

## A.    Bedeutung des Verfahrens

Die Wahl des Vergabeverfahrens ist von wesentlicher Bedeutung. Aber auch bei dessen Durchführung sind eine Vielzahl an Gesichtspunkten zu beachten, die ganz wesentlich zum Gelingen des Projekts beitragen.

Vor diesem Hintergrund werden im Folgenden der **Ablauf des offenen Verfahrens** und der **Ablauf des Verhandlungsverfahrens** näher dargestellt. Diese beiden Verfahren sind **in der Praxis am wichtigsten.**

Das **nicht-offene Verfahren** ist im Grundsatz **dem offenen Verfahren nachgebildet,** dem aber (wie beim Verhandlungsverfahren) ein Teilnahmewettbewerb zur Auswahl der Bieter vorangeht.

Der **wettbewerbliche Dialog** und die **Innovationspartnerschaft** werden **in der Praxis eher selten** auftreten. Sie orientieren sich in ihrem Ablauf eher am Verhandlungsverfahren.

| Haushaltsvergaberecht | Kartellvergaberecht |
|---|---|
| Öffentliche Ausschreibung | Offenes Verfahren |
| Beschränkte Ausschreibung <br> • mit Teilnahmewettbewerb <br> • ohne Teilnahmewettbewerb | Nicht-offenes Verfahren <br> • mit Teilnahmewettbewerb |
| Freihändige Vergabe | Verhandlungsverfahren <br> • mit Teilnahmewettbewerb <br> • ohne Teilnahmewettbewerb |
| entfällt | Wettbewerblicher Dialog <br> (bislang nur im Nichtsektorenbereich) |
| entfällt | Innovationspartnerschaft (neu) |

**Abbildung 7:** Arten von Vergabeverfahren

## B.    Ablauf des Vergabeverfahrens

Unabhängig davon, für welches Verfahren der Auftraggeber sich konkret entscheidet, hat er bei der Vorbereitung und Durchführung eine Vielzahl von Verfahrensstufen zu durchlaufen.

| | offenes Verfahren | nicht-offenes Verfahren | Verhandlungsverfahren mit Teilnahmewettbewerb | wettbewerblicher Dialog | Innovationspartnerschaft |
|---|---|---|---|---|---|
| **1. Vorbereitung** | Bestimmung des Beschaffungsbedarfs; Bestimmung der anzuwendenden Vorschriften; Wahl der Verfahrensart; Erstellung der Leistungsbeschreibung | | | | |
| **2. Publizität** | Bekanntmachung; Aufforderung zur Angebotsabgabe | Bekanntmachung; Aufforderung zur Abgabe eines Teilnahmeantrags | | | |
| **3. Teilnahme-wettbewerb** | entfällt | Bieter bewerben sich um Teilnahme; Prüfung der Eignung der Bieter; Zulassung bzw. Einladung; zugelassene Bieter erhalten Vergabeunterlagen zugesandt. | | | |
| **4. Angebots-abgabe** | Bieter reichen innerhalb der Angebotsfrist ihre verbindlichen Angebote ein. | | Bieter reichen zunächst unverbindliche Angebote ein; dazu können Verhandlungen erfolgen; Bieter reichen anschließend verbindliche Angebote ein | Dialog mit den Unternehmen; Erörterung der Lösungen; Bieter reichen anschließend verbindliche Angebote ein. | Dialog mit den Unternehmen zur Erarbeitung einer Innovation; meist zunächst unverbindliche Angebote der Bieter; Bieter reichen anschließend verbindliche Angebote ein. |
| **5. Angebots-prüfung und -auswertung** | Nach Ablauf der Angebotsfrist werden die Angebote anhand der bekannt gemachten Kriterien geprüft und ausgewertet; Auswahlentscheidung. | | | | |
| **6. Zuschlag** | Vorabinformation (§ 134 GWB), Zuschlagserteilung | | | | |

**Abbildung 8:** Ablauf des Vergabeverfahrens im Überblick

## C.  Offenes Verfahren

Das offene Verfahren ist in seinem Verlauf besonders einfach gestaltet.

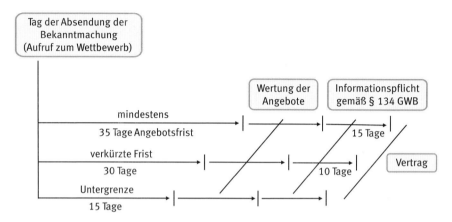

**Abbildung 9:** Ablauf des offenen Verfahrens nach der SektVO

## I.  Aufforderung zur Angebotsabgabe und Bereitstellung von Verdingungsunterlagen

In der **Bekanntmachung,** die im Amtsblatt der Europäischen Union veröffentlicht wird, wendet sich der Auftraggeber **an eine unbeschränkte Anzahl von Unternehmen** und fordert diese zur Angebotsabgabe auf.

Nach der Veröffentlichung im EU-Amtsblatt kann sich jedes interessierte Unternehmen beteiligen, indem es sein Interesse bekundet und vom Stadtwerk die Verdingungsunterlagen erhält.

Mit der Vergaberechtsreform zum 18.04.2016 ist hierfür der Grundsatz eingeführt worden, dass jedes interessierte Unternehmen die **Vergabeunterlagen unter einer elektronischen Adresse** unentgeltlich, uneingeschränkt, vollständig und direkt abrufen kann[140]. Der öffentliche Auftraggeber muss also grundsätzlich jedem, der die Unterlagen erhalten möchte, diese zur Verfügung stellen.

Da es nach Beginn des offenen Verfahrens nicht mehr möglich ist, die Vergabeunterlagen grundlegend zu überarbeiten, müssen diese zwingend bei Absendung der Bekanntmachung fertiggestellt sein.

---

140  § 41 SektVO, § 40 VgV.

---

**PRAXISTIPP**

Es bleibt aber die Möglichkeit, vor Ablauf der Angebotsfrist Fehler oder Ungenauigkeiten in den Vergabeunterlagen klarzustellen.

---

Von wesentlicher Bedeutung sind dabei insbesondere die folgenden Punkte:

- Die Leistung muss **eindeutig und möglichst erschöpfend beschrieben werden,** § 121 GWB. Gibt ein Bieter ein Angebot ab und ihm ist nicht bekannt, dass die Leistungsbeschreibung fehlerhaft ist, kann er einen Schadensersatzanspruch geltend machen.
- Aufträge sind, soweit möglich, **mittelstandsfreundlich** zu vergeben[141]. Dazu ist insbesondere zu prüfen, ob die Leistung **in Losen vergeben** werden kann. Eine Gesamtvergabe kann dabei nicht allein schon dadurch gerechtfertigt werden, dass der Ausschreibungs- und Koordinierungsaufwand allgemein steigt[142].

## II. Fristen im Überblick

Eine wichtige Rolle spielen darüber hinaus bestimmte **Fristen,** die im Verfahren einzuhalten sind *(siehe hierzu Anhang II)*.

Die **Angebotsfrist** beträgt mindestens **35 Kalendertage,** gerechnet ab dem Tag nach der Absendung der Bekanntmachung[143]. Hierfür steht die elektronische Datenbank des EU-Amtsblatts zur Verfügung.

In dem Fall, dass eine hinreichend begründete Dringlichkeit die Einhaltung der oben genannten Fristen unmöglich macht, ist es zulässig, die Angebotsfrist auf **15 Kalendertage** zu verkürzen. Diese Frist darf jedoch nicht unterschritten werden.

Jeder Bieter muss zudem die **Gelegenheit** erhalten, **Fragen zu den Vergabeunterlagen zu stellen,** und die Stadtwerke müssen diese spätestens sechs Tage vor Ablauf der Angebotsfrist beantworten[144]. Ist dies nicht möglich, wird die Angebotsfrist verlängert.

---

141 Vgl. § 97 Abs. 3 GWB.
142 OLG Düsseldorf Beschl. v. 11.7.2007 – VII-Verg 10/07; Beschl. v. 25.11.2009 – VII-Verg 27/09.
143 § 14 SektVO, § 15 VgV.
144 § 16 Abs. 3 SektVO, § 20 Abs. 3 VgV.

---

**PRAXISTIPP**

Es wird empfohlen die Beteiligungs- bzw. Anhörungsrechte z. B. des Rechnungsprüfers, des Vergabe-, Bau- und/oder Hauptausschusses, des Vorstandes usw. bei der Fristbemessung einzukalkulieren. Dasselbe gilt für Feiertage, Urlaubszeit usw.

---

## III. Wertung der Angebote

Die Wertung der Angebote erfolgt in **drei Stufen**: Der **anfänglichen formalen Prüfung** folgt eine **Eignungsprüfung** und letztlich die **Angebotsprüfung**[145].

### 1) Formale Prüfung

Zunächst ist zu prüfen, ob der Bieter alle vorgegebenen Anforderungen in formaler Hinsicht erfüllt. Ist das Stadtwerk **als Sektorenauftraggeber** tätig, so gibt es **keine Vorgaben zum zwingenden Ausschluss von Angeboten aus formalen Gründen**[146]. Vielmehr wird Auftraggebern in dieser Angelegenheit ein großer Entscheidungsspielraum eingeräumt. Dennoch müssen die grundlegenden Prinzipien des Vergaberechts, wie **Transparenz- und Gleichbehandlungsgebot** sowie Wettbewerbsgrundsatz, bei der formalen Prüfung von Angeboten berücksichtigt werden[147]. Dabei werden **Stadtwerke regelmäßig wohl als Sektorenauftraggeber** Aufträge vergeben *(siehe dazu auch unter Teil 3 E.II.).*

**Wird das Stadtwerk nicht als Sektorenauftraggeber tätig,** so gelten, je nachdem, ob es sich um einen Liefer- und/oder Bauauftrag handelt, folgende **zwingende formale Ausschlusskriterien, § 57 VgV:**

– **Verspätete Angebote** (= Nichtvorliegen eines Angebots im Eröffnungstermin)

 Das Übermittlungsrisiko bei der Einreichung eines Angebots trägt grundsätzlich der Bieter. Daher obliegt es im Falle der Verspätung grundsätzlich dem Bieter, die Umstände darzulegen, die zur Verspätung geführt haben und die dabei nicht durch den Bieter selbst verursacht worden sind.

– **Fehlende Unterschrift**

---

145 *Christiani* in Pünder/Schellenberg, § 26 SektVO Rn. 2.

146 *Christiani* in Pünder/Schellenberg, § 26 SektVO Rn. 4.

147 *Weyand*, § 26 SektVO Rn. 18.

- **Fehlende Preisangaben**

  Wegen der fehlenden Preisangaben werden jedoch solche Angebote nicht ausgeschlossen, bei denen lediglich in einer einzelnen unwesentlichen Position die Preisangabe fehlt und die Außerachtlassung dieser Position die Wertungsreihenfolge nicht beeinträchtigt. Solche Preisangaben können noch bis zum Ablauf der vom Auftraggeber zu bestimmenden Nachfrist nachgefordert werden.

- **Fehlen der geforderten Erklärungen und Nachweise**

  Erklärungen und Nachweise, die bis zum Ablauf der Angebotsfrist von den Bietern nicht vorgelegt wurden, können noch bis zum Ablauf einer Nachfrist, die vom Auftraggeber bestimmt wird, nachgefordert werden.

- **Korrekturen des Bieters an seinen eigenen Eintragungen**

  Angebote, in denen der Bieter Änderungen an seinen Eintragungen vorgenommen hat, wobei diese Änderungen nicht eindeutig sind, müssen ebenfalls ausgeschlossen werden. Denn es dürfen **keine Zweifel hinsichtlich des Angebotsinhalts** entstehen.

- **Änderungen an den Vertrags- und Vergabeunterlagen durch den Bieter**

  Dabei sollte zwischen Anmerkungen bzw. Unterstreichungen, die keine inhaltlichen Änderungen der Vergabeunterlagen nach sich ziehen und unzulässigen Änderungen unterschieden werden. Eine unzulässige Änderung liegt beispielsweise dann vor, wenn der Bieter seine **Allgemeinen Geschäftsbedingungen** dem Angebot hinzufügt.

- **Nicht zugelassene Nebenangebote**

  Nur wenn und soweit Nebenangebote ausdrücklich zugelassen sind, können sie gewertet werden.

- **Wettbewerbsbeschränkende Absprachen**

  Diese liegen in der Regel in den Fällen der unzulässigen **mehrfachen Beteiligung eines Unternehmens** an dem Vergabeverfahren (z. B. als Bieter und als Nachunternehmer) und in den Fällen von dem Vergabeverfahren vorangehenden **Preisabsprachen** vor.

Neben den zwingenden Ausschlussgründen können **fakultative Ausschlusskriterien** (Insolvenzverfahren, schwere Verfehlungen des Bieters, Abgabe vorsätzlich unzutreffender Erklärungen) herangezogen werden. In diesen Fällen bleibt es dem Auftraggeber überlassen, ob er einen Ausschluss aus diesen Gründen vornehmen will oder nicht.

## 2) Eignungsprüfung

In Rahmen der Eignungsprüfung werden die Kriterien bezüglich der Person des Bieters überprüft[148], denn öffentliche Auftraggeber sollen Aufträge nur an Bieter vergeben, welche die erforderliche **Fachkunde** und **Leistungsfähigkeit** besitzen.

- **Fachkunde** bezeichnet die **spezifische Sachkenntnis** eines Wirtschaftsteilnehmers, also die technischen Fähigkeiten, die für eine sach- und fachgerechte Ausführung der nachgefragten Leistung erforderlich sind. Nachgewiesen werden müssen z. B. berufliche Abschlüsse, Zertifizierungen oder Referenzen über nach Art und Umfang vergleichbare Leistungen.

- Im Rahmen der Überprüfung der **Leistungsfähigkeit** geht es um die Untersuchung, ob bei dem Bieter oder Bewerber die für den Auftrag **notwendigen personellen, kaufmännischen und finanziellen Mittel** vorhanden sind.

Die Beurteilung der Bietereignung erfolgt aufgrund der von den Bietern eingereichten **Eignungsnachweise.** Dabei müssen alle in der Vergabebekanntmachung angegebenen Eignungsnachweise berücksichtigt werden. Eignungsnachweise, die in der Vergabebekanntmachung nicht angegeben waren, dürfen nicht in die Wertung miteinfließen. Es ist **möglich, die Eignungsprüfung über die geforderten Eignungsnachweise hinaus durchzuführen,** wenn Anhaltspunkte vorliegen, die an der Eignung des Bieters zweifeln lassen.

Der Auftraggeber soll denjenigen Bieter aus der abschließenden Wertung des Angebotes herausnehmen, von dessen persönlicher und fachlicher Eignung er nicht überzeugt ist.

Die **Darlegungspflicht** hinsichtlich seiner Eignung **obliegt grundsätzlich dem Bieter.** Dennoch kann der Auftraggeber die fehlenden Eignungsnachweise nachfordern, indem er allen Bewerbern eine Frist zum Nachreichen setzt, die regelmäßig nicht länger als eine Woche betragen darf.

Diese Wertungsstufe, in der es um die Untersuchung der persönlichen Eignung geht, ist rechtlich klar von der eigentlichen, d. h. sachbezogenen Angebotswertung auf der nächsten Wertungsstufe zu trennen.

## 3) Angebotsprüfung

Diese Wertungsstufe bezieht sich unmittelbar auf die von den Bietern abgegebenen Angebote.

Es wird zunächst überprüft, ob der **Preis** und die zu erbringende **Leistung** in einem **offensichtlichen Missverhältnis** stehen[149].

---

148 §§ 45 ff. SektVO, §§ 42 ff. VgV.
149 § 54 SektVO, § 60 VgV.

---

**PRAXISTIPP**

Ein offensichtliches Missverhältnis kann beispielsweise indiziert sein, wenn einzelne Angebote bei der Preisgestaltung erheblich von anderen, vergleichbaren Angeboten abweichen, etwa einen besonders niedrigen Preis enthalten, der im Verhältnis zu der zu erbringenden Leistung eindeutig zu niedrig erscheint. Das Stadtwerk muss dann das Angebot prüfen und hierzu vom Bieter Aufklärung verlangen. Ist eine zufriedenstellende Aufklärung nicht möglich, darf der Zuschlag auf das Angebot verweigert werden. Kalkulationsfehler gehen zu Lasten des Bieters.

---

Weiterhin wird aus den verbliebenen Angeboten das **wirtschaftlichste Angebot** ausgewählt[150]. Auf dieses Angebot ist letztendlich der Zuschlag zu erteilen. Das wirtschaftlichste Angebot ist **nicht zwangsläufig das billigste Angebot,** es zählen vielmehr das **Preis-Leistungs-Verhältnis** und die dauerhafte **Wirtschaftlichkeit** der Lösung. Das wirtschaftlichste Angebot ist anhand der in der **Vergabebekanntmachung angegebenen Wertungs- und Zuschlagskriterien** zu ermitteln[151].

---

**PRAXISTIPP**

Ein Stadtwerk, **welches selbst mit dem wirtschaftlichsten Angebot nicht zufrieden ist,** kann prüfen, ob es das Vergabeverfahren mangels Wirtschaftlichkeit aufhebt oder ob es in Nachverhandlungen mit den Bietern eintritt (Verhandlungsverfahren ohne Bekanntmachung). An die Aufhebung eines Vergabeverfahrens sind allerdings rechtliche Anforderungen geknüpft, die von den Bietern vor der Vergabekammer bzw. den Gerichten überprüft werden können.

---

## IV. Vorabinformation

**Nach Abschluss der Angebotsauswertung** und der unternehmensinternen Entscheidungsfindung über den obsiegenden Bieter erhalten sämtliche Bieter, die ein verbindliches Angebot eingereicht haben, eine sogenannte **Vorabinformation,** § 134 GWB. Darin wird allen Bietern **mitgeteilt, welcher Bieter den**

---

150 § 97 Abs. 5 GWB i. V. m. § 16 Abs. 6 Nr. 3 VOL/A.
151 Vgl. EuGH Urt. v. 4.12.2005, RS. C-448/01 (EVN und Wienstrom); VK Bund Beschl. v. 11.10.2002 – VK 1-75/02.

Zuschlag erhalten soll, und bei den unterlegenen Bietern, warum diese den Zuschlag nicht erhalten haben.

---

**PRAXISTIPP**

Bei der Begründung der Entscheidung ist jedoch Vorsicht geboten, da nicht sämtliche Angebotsinhalte der verschiedenen Bieter öffentlich gemacht werden können. Es genügt im Rahmen eines vergleichsweise kurz gehaltenen Schreibens, wenn jeder unterlegene Bieter erkennen kann, in welchen der gewerteten Kriterien er eher positiv und in welchen der Kriterien er eher negativ bewertet worden ist. **Betriebs- und Geschäftsgeheimnisse des obsiegenden Bieters – insbesondere dessen Preise – dürfen nicht bekannt gegeben werden!**

---

## V. Zuschlag

Nach Ablauf einer Frist von zehn bzw. 15 Tagen (abhängig davon, ob die Vorabinformationsschreiben auf elektronische oder postalische Weise übermittelt werden) kann der Zuschlag erfolgen. Der Zuschlag erfolgt dabei zunächst **durch Übersendung eines formlosen Schreibens,** in dem festgestellt wird, dass das Stadtwerk, bezogen auf das konkret zu benennende Vergabeverfahren, den Zuschlag auf ein bestimmtes Angebot des Bieters erteilt. **Mit diesem Schreiben ist das Vergabeverfahren** (unabhängig von einer später erfolgten Vertragsunterzeichnung) **abgeschlossen.** Kein anderer Bieter kann sich nach Zustellung dieses Zuschlagsschreibens vor der Vergabekammer gegen diesen Zuschlag wenden[152].

Die Erteilung des Zuschlags ist im EU-Amtsblatt bekannt zu machen.

## D. Verhandlungsverfahren

Das Verhandlungsverfahren ist wegen seiner besonderen Qualität gut geeignet für die **Beschaffung komplexerer Leistungen.** Immer dann, wenn das Stadtwerk davon ausgeht, dass konkrete Verhandlungen mit den Bietern die Möglichkeit bieten, die zu beschaffende Leistung besser zu beschreiben, oder alternative Lösungen von Bietern, die dem Stadtwerk bislang nicht bekannt sind, einbinden möchte, ist das Verhandlungsverfahren die richtige Wahl.

---

152 § 114 Abs. 2 S. 1 GWB. Vgl. hierzu BGH Urt. v. 19.12.2000, NZBau 2001, 151 ff.; OLG Naumburg Urt. v. 13.5.2003, NZBau 2004, 62 ff., 64; OLG Düsseldorf Urt. v. 3.1.2005, NZBau 2005, 415.

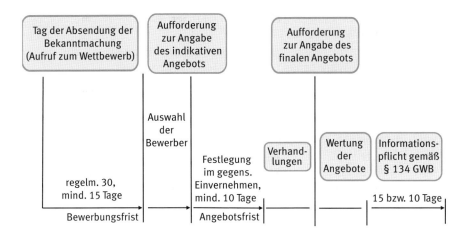

**Abbildung 10:** Ablauf des Verhandlungsverfahrens nach der SektVO

## I. Verfahrensvorbereitung

Das eigentliche Verhandlungsverfahren **beginnt zwar erst mit der Veröffentlichung der ausgeschriebenen Leistung im EU-Amtsblatt.** Dennoch darf die **zentrale Bedeutung der Verfahrensvorbereitung** nicht verkannt werden. Zwar besteht im Gegensatz zum offenen und nicht-offenen Verfahren die Möglichkeit, dass das Stadtwerk noch während des Verfahrens mögliche Ungenauigkeiten in den Verdingungsunterlagen korrigiert und die Verträge und Leistungsverzeichnisse überarbeitet[153]. Jedoch ist keinesfalls zu empfehlen, dass die Ausschreibung ohne eine klare Vorstellung von der gewünschten Leistung beginnt.

Dies ist nicht zuletzt deswegen für eine rechtssichere Beschaffung von zentraler Bedeutung, weil die Bieter, die das Stadtwerk im Rahmen des Teilnahmewettbewerbs auswählt (dazu sogleich), bereits frühzeitig auch eine **Bewertungsmatrix** erhalten. Die Bewertungsmatrix ist nichts anderes als eine abschließende **Übersicht der zweckmäßigen Wertungskriterien (Eignungs- und Zuschlagskriterien).** Diese Bewertungsmatrix ist Grundlage der Angebotswertung und darf im Laufe des Verfahrens **im Grundsatz nicht mehr verändert werden**[154]. Eine sachgerechte Bewertungsmatrix wird gerade bei komplexeren Leistungen nicht lediglich auf den Preis, sondern auch auf technisch-wirtschaftliche und andere Bieterkonzepte abstellen. Eine entsprechende Nennung derjenigen Bereiche,

---

153 *Werner* in Byok/Jaeger, § 101 GWB Rn. 321.

154 Vgl. *Weyand* § 97 GWB Rn. 1231 ff.

in denen Bieter im Rahmen der Angebotswertung neben dem Angebotspreis positiv auffallen können, ist jedoch nur möglich, wenn das ausschreibende Stadtwerk schon vor Beginn der Ausschreibung ein sehr genaues Bild davon hat, wie die auszuschreibende Leistung beschafft werden soll.

Obwohl es im Verhandlungsverfahren grundsätzlich möglich ist, die Verträge und Leistungsverzeichnisse zu überarbeiten, ist eine derart weitgehende Überarbeitung, die im Ergebnis zu einem anderen Beschaffungsgegenstand führen würde, nicht erlaubt[155]. Je genauer die Vorbereitung eines Verhandlungsverfahrens erfolgt, desto geringer ist das Risiko, dass sich Bieter über eine zu weitgehende Überarbeitung im Rahmen der Verhandlungen beschweren können.

## II.  Teilnahmewettbewerb

Der Teilnahmewettbewerb **dient der Auswahl geeigneter Bieter.** Die Bieter legen dem Stadtwerk Unterlagen vor, die sich daran orientieren, was das Stadtwerk im Rahmen seiner Bekanntmachung verlangt. Das Stadtwerk wird im Grundsatz die Eignung eines jeden Bewerbers nach dessen **Leistungsfähigkeit** beurteilen:

– Seine **finanzielle** und **wirtschaftliche** Leistungsfähigkeit wird sich dabei insbesondere am jährlichen Umsatz und am Gewinn sowie an weiteren Faktoren der allgemeinen Unternehmensentwicklung orientieren und sich in der Regel nicht auf die konkret ausgeschriebene Leistung beziehen.

– Die **technische** Leistungsfähigkeit des Bewerbers hingegen sollte unbedingt einen engen Bezug zur ausgeschriebenen Leistung aufweisen. Sinnvoll wären hierbei insbesondere Aussagen der Bewerber zu eigenen Erfahrungen in ähnlich gelagerten Projekten mit konkret benannten Ansprechpartnern.

Von den Bietern sind grundsätzlich **Eigenerklärungen** zu verlangen. Diese Eigenerklärungen sind der Vorlage weiterer amtlicher Dokumente auch deswegen vorzuziehen, weil sie den Bewerbern einen unnötigen Aufwand ersparen.

---

**PRAXISTIPP**

Bitte beachten Sie, dass Eigenerklärungen, wie insbesondere zur Frauenförderung, unbedingt bereits mit den Teilnahmeanträgen abgefragt werden müssen. Es ist zumindest rechtlich unsicher, ob diese noch mit dem Angebot verlangt werden können[156].

---

155  BGH Urt. v. 10.9.2009, ZfBR 2010, 94 ff.; OLG Düsseldorf Beschl. v. 5.7.2006, VergabeR 2006, 929 ff.; OLG Celle Beschl. v. 16.1.2002 – 13 Verg 1/02.
156  Vgl. OLG Düsseldorf, VII-Verg 39/13 vom 25.06.2014.

Das Stadtwerk muss in das eigentliche Verhandlungsverfahren **mindestens drei Bewerber** aufnehmen. Da jedoch nicht auszuschließen ist, dass sich bei den durchaus aufwendigen Verhandlungsverfahren auch ein Bieter zurückziehen kann, ist es in der Regel **sinnvoll, vier bis fünf Bieter auszuwählen.** Selbstverständlich wäre auch die Aufnahme einer noch höheren Anzahl von Bietern möglich. Zu beachten ist jedoch, dass dies angesichts zumindest einer, wenn nicht sogar mehrerer Verhandlungsrunden mit einem entsprechend höheren Aufwand im Verfahren verbunden wäre.

Sämtliche Unternehmen, die einen Teilnahmeantrag eingereicht haben, sind über das Ergebnis der Prüfung zu informieren. Entscheidend für eine rechtssichere Auswahl der Bieter ist dabei, dass sich diese **Wertung ausschließlich an Kriterien orientiert, die bereits in der Bekanntmachung benannt werden**[157].

## III. Verhandlungen

### 1) Übersendung der Vergabeunterlagen und Aufforderung zur Abgabe indikativer Angebote

Das Verhandlungsverfahren beginnt damit, dass das Stadtwerk die Bieter auffordert, auf der Grundlage der Vergabeunterlagen in ihrer vorläufig finalen Fassung ein indikatives (unverbindliches) Angebot abzugeben.

Da diese indikativen Angebote Gegenstand einer Bewertung sind und es möglich ist, die Anzahl der beteiligten Bieter nach Auswertung der indikativen Angebote zu verringern, ist bereits in **den Vergabeunterlagen eine finale Fassung der Bewertungsmatrix vorzusehen,** die sowohl der Wertung der indikativen als auch der verbindlichen Angebote zu Grunde liegt.

---

**PRAXISTIPP**

Es ist nicht zwingend, häufig aber zielführend, nach Aufforderung zur Abgabe eines indikativen Angebots **Informationsgespräche mit allen Bietern** zu führen. Dabei handelt es sich noch nicht um die eigentlichen Verhandlungen. Die Bieter geben unabhängig vom Ausgang der Informationsgespräche ihre indikativen Angebote auf der Grundlage der Vergabeunterlagen ab. Jedoch ist es bereits im Rahmen solcher Informationsgespräche möglich, etwaige Verständnisfragen der Bieter aufzunehmen und mit deren Beantwortung die Erstellung eines indikativen Angebots zu erleichtern. Das Stadtwerk

---

157 *Pünder* in Pünder/Schellenberg, § 101 GWB Rn. 78.

hat selbst ein erhebliches Interesse an möglichst realistischen, nicht durch Missverständnisse hinsichtlich der Vergabeunterlagen beeinträchtigten Angeboten. Darüber hinaus ist es möglich, dass die Bieter in diesen Gesprächen bereits signalisieren, in welchen Bereichen sie Verhandlungsbedarf erkennen. Die hieraus gewonnenen Erkenntnisse ermöglichen es dem Stadtwerk, sich bereits sehr frühzeitig und parallel zur Angebotserstellung durch die Bieter auf diese Verhandlungen vorzubereiten und entsprechende Alternativen zu prüfen.

**Die Frist** für die Erstellung der indikativen Angebote kann **im gegenseitigen Einvernehmen** zwischen Auftraggeber und ausgewählten Bietern festgelegt werden. Die Bieter müssen jedoch, sofern das **Stadtwerk ein Sektorenauftraggeber** ist, **mindestens zehn Tage** Zeit erhalten, § 15 SektVO. In der Regel dürfte sich jedoch bei komplexeren Dienstleistungen eine Frist zur Angebotserstellung **von nicht unter vier Wochen als sinnvoll erweisen.**

Sofern die Stadtwerke **nicht Sektorenauftraggeber** sind, gelten andere Fristen. So sind den Bietern bis zur Einreichung der indikativen **Angebote mindestens 30 Tage einzuräumen.** Eine Verkürzung auf mindestens zehn Tage ist nur in Ausnahmefällen möglich, § 17 VgV.

Nach Vorlage der indikativen Angebote, für die sämtliche formale Anforderungen gelten, wie auch die Erstellung verbindlicher Angebote erfolgt eine **Auswertung auf Basis der Bewertungsmatrix.** Hierbei muss eine **Rangfolge der Bieter** erstellt werden. Das Stadtwerk ist anschließend berechtigt, entweder sämtliche Bieter oder nur die bestplatzierten Bieter in das weitere Verfahren aufzunehmen.

---

**PRAXISTIPP**

Es ist **rechtlich zulässig, jedoch eher ungewöhnlich, den Teilnehmerkreis weiter zu beschränken.** In diesem Fall würden beispielsweise von fünf Bietern, die ein indikatives Angebot abgegeben haben, lediglich die drei Bestplatzierten in das weitere Verfahren aufgenommen, § 17 Abs. 12 VgV. Dieses Vorgehen erweist sich insbesondere dann **als sinnvoll, wenn sehr umfangreiche Verhandlungen anstehen.** Ein solches Vorgehen müsste aber **vorab in der Bekanntmachung** oder den Vergabeunterlagen als Option benannt werden.

---

**PRAXISTIPP**

Sofern es sich das Stadtwerk in der Bekanntmachung oder den Vergabeunterlagen vorbehalten hat, kann es den Auftrag auch **direkt auf Basis der
indikativen Angebote erteilen.** Die Verhandlungen entfallen dann, § 17
Abs. 11 VgV.

---

## 2) Verhandlungen mit beteiligten Bietern

Nun folgen Verhandlungen des Stadtwerks mit sämtlichen am Verfahren noch
beteiligten Bietern. Diese Verhandlungen verlaufen **stets individuell** und deren
Gegenstand ist **vertraulich zu behandeln**[158]. Dies ist nicht nur aus rechtlichen
Gründen, sondern auch im Sinne einer möglichst zielführenden Verhandlung
zwingend, denn erfahrungsgemäß unterbreiten Bieter konkrete Angebote, die
Rückschlüsse auf ihr Geschäftsmodell und eine besondere Expertise erlauben
nur dann, wenn sie sicher sein können, dass das Stadtwerk dies nicht an andere
Unternehmen ungesehen weiterreicht.

Von großer Praxisrelevanz ist die Entscheidung, mit **welcher Zielsetzung das
Stadtwerk die Verhandlungen führt:**

– es kann mit jedem Bieter ein **individuelles Modell bestimmen** und somit am
  Ende der Verhandlung **individuelle Verträge und Leistungsverzeichnisse** für
  jeden Bieter erstellen oder

– es **verhandelt zwar mit jedem Bieter individuell,** am Ende der Verhandlung
  aber werden **einheitliche Verdingungsunterlagen** erstellt, auf deren Grundlage sämtliche Bieter ihre Angebote abgeben.

**Beide Varianten sind rechtlich zulässig.** Der Vorteil des ersten Vorgehens besteht darin, dass es möglich ist, alternative Varianten für die Erbringung einer
bestimmten Leistung gegeneinander in den Wettbewerb zu setzen. Demgegenüber verengt zwar die Definition einheitlicher Vergabeunterlagen die Angebots-
alternativen. Der Vorteil dieser Variante liegt jedoch in der wesentlich besseren
Vergleichbarkeit der Angebote. Wenn nämlich die Angebote der Bieter auf
unterschiedlichen Verträgen und Leistungsverzeichnissen beruhen, so wäre es
zwingend, auch sämtliche Unterschiede in den Unterlagen bei der Angebotswertung zu berücksichtigen. Letzteres ist erfahrungsgemäß mit einem sehr großen
Aufwand verbunden und sollte deswegen nur erfolgen, wenn der Vergleich un-
terschiedlicher Leistungsvarianten einen erheblichen Zugewinn verspricht.

---

158 VK Baden-Württemberg Beschl. v. 12.1.2004 Az.: 1 VK 74/03.

### 3) Abgabe der verbindlichen Angebote

Nach Abschluss der Verhandlungen, die auch über mehrere Verhandlungsrunden andauern dürfen, fordert das Stadtwerk zum gegebenen Zeitpunkt den oder die Bieter zur **Abgabe eines verbindlichen Angebots** auf[159]. Die **Frist zur Angebotsabgabe** muss **mindestens zehn Tage betragen**, dürfte jedoch insbesondere bei komplexeren Dienstleistungen **in der Regel bei vier bis sechs Wochen** liegen. Maßgeblich für eine rechtssichere Beschaffung ist, dass der dabei zu erwartende Aufwand bei der Angebotserstellung in einem angemessenen Verhältnis zur Angebotsfrist steht.

Besonders wichtig ist es, dass die Bieter nach Kenntnis der finalen Fassung aller für die Angebotserstellung erforderlichen Dokumente noch **einmal Fragen stellen können,** die das Stadtwerk im Grundsatz stets gegenüber allen Bietern beantwortet[160]. Eine Ausnahme von diesem Grundsatz ist lediglich dann zulässig, wenn die Frage den Rückschluss auf ein bestimmtes Geschäftsmodell des Bieters bzw. seine Art der Angebotserstellung ermöglicht.

---

**PRAXISTIPP**

Es ist zulässig, den Bietern eine **Frist für Rückfragen** zu stellen. Dies folgt bereits daraus, dass das Stadtwerk nur dann in der Lage ist, sämtliche Fragen noch rechtzeitig für die Angebotserstellung zu beantworten, wenn diese ihm rechtzeitig vorliegen. Eine **Frist von zwei Wochen vor Ablauf der Angebotsfrist** wäre jedenfalls angemessen.

---

### 4) Wertung der Angebote

Nach Vorlage der Angebote erfolgt deren Auswertung. Wiederum ist die **Bewertungsmatrix** hierfür maßgeblich. Diese sollte dabei im Grundsatz im Verhältnis zu den ursprünglichen Vergabeunterlagen vor Erstellung der indikativen Angebote unverändert bleiben.

---

**PRAXISTIPP**

Eine **Ausnahme** von diesem Grundsatz besteht, wenn sich aus dem Fortgang der Verhandlungen ergibt, dass ein **zunächst vorgesehenes Wertungskrite-**

---

159 Vgl. LG Berlin, Urt. v. 31.5.2000, Kart Verg 1/00; OLG Naumburg Urt. v. 8.9.2005 – 1 Verg 10/05.

160 *Weyand*, § 101 GWB Rn. 153.

**rium nicht mehr angemessen** bei der Wertung von Angeboten berücksichtigt werden kann. Sodann ist eine entsprechende Veränderung der Bewertungsmatrix ausnahmsweise möglich. In ähnlicher Weise kann insbesondere bei der Gewichtung preislicher Kriterien zueinander eine Korrektur erfolgen, wenn sich aus der Bewertung der indikativen Angebote ergibt, dass sich deren zu Beginn geschätzter Anteil an der Gesamtvergütung als nicht zutreffend erwiesen hat. **Bei der Veränderung der Bewertungsmatrix ist jedoch große Vorsicht geboten.** Sie ist in jedem Fall **frühzeitig und umfassend** gegenüber den Bietern **zu kommunizieren.**

**PRAXISTIPP**

Eine häufig verwendete und zweckmäßige Formel zur Umrechnung der Angebotspreise in Bewertungspunkte findet sich in dem Vergabehandbuch des Bundes für Bausachen:

$$\frac{10 \cdot [(\text{niedrigste Wertungssumme} \cdot 2{,}0) - \text{Wertungssumme des jeweiligen Bieters}]}{\text{Niedrigste Wertungssumme}}$$

**Beispiel:**
- Niedrigste Wertungssumme (Bieter A) = 5,0 Mio. €
- Wertungssumme des Bieters B = 6,0 Mio. €
- Bieter A würde 10,0 Punkte erhalten:

$$\frac{10 \cdot [(5{,}0 \text{ Mio. } € \cdot 2{,}0) - 6{,}0 \text{ Mio. } €]}{(5{,}0 \text{ Mio. } €)} = 8{,}0 \text{ Punkte für Bieter A.}$$

Insbesondere für IT-Ausschreibungen finden sich umfangreiche Hinweise zum Bewertungsvorgang in der Unterlage für Ausschreibung und Bewertung von IT-Leistungen 2.0 (UvAB IV) des Beauftragten der Bundesregierung für Informationstechnik.

## 5) Vorabinformation

Nach Abschluss der Angebotsauswertung und der unternehmensinternen Entscheidungsfindung über den obsiegenden Bieter erhalten sämtliche Bieter, die ein verbindliches Angebot eingereicht haben, eine sogenannte **Vorabinformation.** Darin wird allen Bietern mitgeteilt, **welcher Bieter den Zuschlag erhalten**

**soll,** und bei den **unterlegenen Bietern, warum diese den Zuschlag nicht erhalten haben,** § 134 GWB.

---

**PRAXISTIPP**

Bei der Begründung der Entscheidung ist jedoch Vorsicht geboten, da Geheimhaltungsinteressen, insbesondere Betriebs- und Geschäftsgeheimnisse gewahrt werden müssen. Es genügt im Rahmen eines vergleichsweise kurzgehaltenen Schreibens, wenn jeder unterlegene Bieter erkennen kann, in welchen der gewerteten Kriterien er eher positiv und in welchen der Kriterien er eher negativ bewertet worden ist.

---

### 6) Zuschlag

Nach Ablauf einer Frist von **zehn bzw. 15 Tagen** (abhängig davon, ob die Vorabinformationsschreiben auf elektronische oder postalische Weise übermittelt werden) kann der Zuschlag erfolgen. Der Zuschlag erfolgt dabei zunächst durch Übersendung eines **formlosen Schreibens,** in dem festgestellt wird, dass das Stadtwerk mit diesem Schreiben, bezogen auf das konkret zu benennende Vergabeverfahren, den Zuschlag auf ein bestimmtes Angebot des Bieters erteilt. **Mit diesem Schreiben ist das Vergabeverfahren** (unabhängig von einer später erfolgten Vertragsunterzeichnung) **abgeschlossen.** Kein anderer Bieter kann sich nach Zustellung dieses Zuschlagsschreibens vor der Vergabekammer gegen diesen Zuschlag wehren.

**Nach Erteilung des Zuschlages ist es sinnvoll, den Vertrag und die Leistungsverzeichnisse,** die von beiden Parteien zu unterzeichnen sind, **an das obsiegende Angebot anzupassen.** Zwar wäre es auch denkbar, den Vertrag in der Form auszugestalten, wie er dem verbindlichen Angebot zu Grunde lag, und etwaige Zusatzleistungen des obsiegenden Bieters durch einen pauschalen Verweis auf sein Angebot einzubeziehen. Es erweist sich jedoch insbesondere bei länger laufenden Verträgen als ausgesprochen sinnvoll, sämtliche Punkte in den Vertrag oder in die Leistungsverzeichnisse an geeigneter Stelle aufzunehmen. Dabei geht es jedoch stets nur darum, den Vertrag, wie er dem verbindlichen Angebot zu Grunde lag, an das obsiegende Angebot anzupassen.

**Erneute Verhandlungen sind nur dann möglich,** wenn es sich um einen Auftrag im **Sektorenbereich handelt** (was regelmäßig bei Stadtwerken der Fall sein dürfe) und keine geeigneten Angebote eingegangen sind. Formal handelt es sich dabei um ein Verhandlungsverfahren ohne Teilnahmewettbewerb, § 13 Abs. 2 Nr. 1 SektVO.

---

**PRAXISTIPP**

Denkbar ist darüber hinaus, dass ein Stadtwerk, welches selbst mit dem wirtschaftlichsten Angebot nicht zufrieden ist, prüft, ob es das Vergabeverfahren mangels Wirtschaftlichkeit aufhebt oder ob es in Nachverhandlungen mit dem besten Bieter eintritt. Solche Nachverhandlungen müssen jedoch erkennbar vor Erteilung des Zuschlags erfolgen.

---

Die Entscheidung über den Zuschlag ist sodann im EU-Amtsblatt anzuzeigen.

## IV. Fristen im Überblick

Eine wichtige Rolle spielen darüber hinaus die Fristen, die im Verfahren einzuhalten sind *(siehe dazu Anhang II)*.

**Die Frist für den Eingang der Teilnahmeanträge** beträgt mindestens 30 Kalendertage, gerechnet ab dem Tag nach der Absendung der Bekanntmachung, § 15 Abs. 2 SektVO, § 17 VgV. Hierfür steht die elektronische Datenbank des EU-Amtsblatts zur Verfügung.

In dem Fall, dass eine hinreichend begründete Dringlichkeit die Einhaltung der oben genannten Fristen unmöglich macht, ist es zulässig, die Frist auf 15 Kalendertage zu verkürzen. Diese Frist darf jedoch nicht unterschritten werden.

Im Weiteren ist zu unterscheiden:

- **Sektorenbereich:** Die Angebotsfrist kann im gegenseitigen Einvernehmen mit den Bietern bestimmt werden, muss aber **mindestens zehn Tage betragen,** gerechnet ab dem Tag nach Versendung der Aufforderung zur indikativen oder verbindlichen Angebotsabgabe, § 15 Abs. 3 SektVO.

- **Stadtwerk als öffentlicher Auftraggeber:** Die Frist zur Abgabe eines indikativen Angebots beträgt **mindestens 30 Tage,** gerechnet ab dem Tag nach Versendung der Aufforderung zur Angebotsabgabe, § 17 Abs. 6 VgV. Eine kürzere Frist ist nur bei besonderer Dringlichkeit möglich, § 17 Abs. 8 VgV. Nach Abschluss der Verhandlungen legt der Auftraggeber eine einheitliche und angemessene Frist fest, § 17 Abs. 14 VgV.

Jeder Bieter muss zudem die Gelegenheit erhalten, Fragen zu den Verdingungsunterlagen zu stellen und die Stadtwerke müssen diese spätestens sechs Tage vor Ablauf der Angebotsfrist beantworten, § 16 Abs. 3 SektVO, § 20 Abs. 3 VgV. Ist dies nicht möglich, wird die Angebotsfrist verlängert.

> **PRAXISTIPP**
>
> Es wird empfohlen, die Beteiligungs- bzw. Anhörungsrechte z.B. des Rechnungsprüfers, des Vergabe-, Bau- und/oder Hauptausschusses, des Vorstandes usw. bei der Bemessung der Frist einzukalkulieren. Dasselbe gilt für Feiertage, Urlaubszeit usw.

## E. Vergabevermerk

Als Auftraggeber ist das Stadtwerk verpflichtet, den Fortgang des Vergabeverfahrens jeweils **zeitnah zu dokumentieren,** § 8 Abs. 1 SektVO, § 8 Abs. 1 VgV. Die Dokumentation muss in ausreichender Weise die Entscheidungen in allen Phasen des Vergabeverfahrens, insbesondere in Verhandlungs- oder Dialogphasen, der Auswahl der Teilnehmer sowie der Zuschlagserteilung nachvollziehbar begründen.

Die im Detail unterschiedlich hohen Anforderungen ergeben sich im Einzelnen aus § 8 Abs. 2 SektVO bzw. § 8 Abs. 2 VgV.

Die Dokumentation ist bis zum Ende der Vertragslaufzeit aufzubewahren, mindestens jedoch drei Jahre ab dem Tag des Zuschlags.

> **PRAXISTIPP**
>
> Die Dokumentation des Vergabeverfahrens ist vor allem im Falle eines Nachprüfungsverfahrens von zentraler Bedeutung. Ist sie zeitnah und fortlaufend nach den einzelnen Verfahrensschritten aktualisiert worden, kann ein Stadtwerk gegenüber der Vergabekammer glaubhaft und gut nachvollziehbar die Gründe für sein Vorgehen darlegen. Wird die Dokumentation hingegen erst kurz vor oder während eines Rechtsstreits angefertigt, verliert sie an Glaubwürdigkeit.

## F. Wettbewerbsverstöße der Bieter nach Zuschlagserteilung

Der öffentliche Auftraggeber ist nicht verpflichtet, mit einem Bieter eine geschäftliche Verpflichtung einzugehen, der verbotene Preisabsprachen getroffen, Mitarbeiter des öffentlichen Dienstes oder Dritte bestochen oder beispielsweise gegen das Gesetz zur Bekämpfung der Schwarzarbeit und illegalen Beschäftigung verstoßen hat.

Kann der öffentliche Auftraggeber vor Zuschlagserteilung nachweisen, dass ein Bieter sich der oben aufgeführten Wettbewerbsverstöße schuldig gemacht hat, so ist dieser Bieter bereits auf der Ebene der Eignungsprüfung mangels Zuverlässigkeit auszuschließen. Nach Zuschlagserteilung stehen dem öffentlichen Auftraggeber solche Verteidigungsmöglichkeiten wie **Kündigung, Anfechtung, Rücktritt, Vertragsstrafe, Schadensersatz** oder **Minderung** zur Verfügung.

Hat ein Bieter eine schwere Verfehlung wie Beamtenbestechung[161] oder Preisabsprache[162] begangen, so ist dieses Verhalten geeignet, die mangelnde Zuverlässigkeit des Bieters im nachfolgenden Vergabeverfahren zu begründen.

---

161 *Ruhland/Tomerius* in Pünder/Schellenberg, § 16 VOB/A Rn. 32.
162 *Frister* in Kapellmann/Messerschmidt, § 16 VOB/A Rn. 38.

# Teil 5   Das Vergabeverfahren im Bereich unterhalb der Schwellenwerte (Suchan)

## A.  Nationales Vergabeverfahren

### I.  Allgemeines

Wird der einschlägige Schwellenwert von einem öffentlichen Auftrag im Einzelfall nicht erreicht, so ist bei der Auftragsvergabe grundsätzlich allein das **nationale Vergaberecht** zu beachten[163]. Dieses ist traditionell Teil des **Haushaltsrechts** und bezweckt daher vorwiegend eine sparsame Mittelverwendung[164]. Zunehmend steigen aber auch im unterschwelligen Bereich, d. h. wenn die Schwellenwerte nicht überschritten werden, die Anforderungen an die Auftragsvergabe. Durch die in letzter Zeit erlassenen Landesvergabegesetze finden verstärkt auch wettbewerbsrechtliche Gesichtspunkte sowie wirtschaftliche, soziale und ökologische Ziele Berücksichtigung[165].

### II.  Rechtlicher Rahmen

Regelmäßig finden dabei durch einen **Verweis auf die VOL/A, die VOB/A bzw. die VOF relativ vereinheitlichte Standards** Anwendung. Dennoch bestehen zwischen den Bundesländern sowie dem Bund zum Teil erhebliche Unterschiede; insbesondere betreffend den Anwendungsbereich sowie die Wertgrenzen für die jeweils zulässigen Verfahren.

Im Vergleich zum oberschwelligen Kartellvergaberecht gibt es für öffentliche Auftraggeber im Hinblick auf die Verfahrensanforderungen **signifikante Privilegierungen:**

– Eine **europaweite Bekanntmachung im EU-Amtsblatt ist nicht erforderlich.** Eine nationale Bekanntmachung, z. B. auf der eigenen Homepage, in Tageszeitungen oder anderen Plattformen ist ausreichend.

– Das Verfahren ist **deutlich weniger formell** ausgestaltet.

– Es besteht **grundsätzlich kein Primärrechtsschutz,** wie dies mit dem Nachprüfungsverfahren im Kartellvergaberecht der Fall ist.

---

163 *Dörr* in Müller-Wrede, Kompendium des Vergaberechts, S. 101 f.

164 *Dörr* in Dreher/Motzke, BeckOK-Vergaberecht, Einleitung Rn. 5.

165 *Dörr* in Dreher/Motzke, BeckOK-Vergaberecht, Einleitung Rn. 88 ff.

## III. Übersicht zu den Verfahrensarten

Zwar bestehen für die öffentlichen Auftraggeber im Bereich unterhalb der Schwellenwerte weitaus größere Freiheiten, **in der Regel ist aber auch dann ein Vergabeverfahren erforderlich, wenn der Schwellenwert nicht erreicht wird.** Im Folgenden soll zunächst ein Überblick über die Grundzüge des unterschwelligen Vergaberechts gegeben werden (dazu unter **1)**), bevor im Anschluss die einzelnen Verfahrensarten vorgestellt werden (dazu unter **2) ff.**).

### 1) Allgemeines

#### a) Wahl des Vergabeverfahrens

Unterhalb der Schwellenwerte besteht ein grundsätzlicher **Vorrang der öffentlichen Ausschreibung.** Eine beschränkte Ausschreibung oder eine freihändige Vergabe ist nur unter bestimmten Voraussetzungen zulässig, § 3 Abs. 4 bis 5 VOL/A; § 3 a VOB/A. Im Bereich der VOB/A bestehen zudem Wertgrenzen für die Anwendung von beschränkter Ausschreibung und freihändiger Vergabe, 3 a Abs. 2 und 4 VOB/A.

#### b) Bekanntmachung

Bei der Vergabe von Aufträgen, die den Schwellenwert nicht erreichen, **ist eine Bekanntmachung im Amtsblatt der EU nicht zwingend erforderlich.** Der Auftraggeber kann im Wesentlichen frei über die Art und Weise der Bekanntmachung bestimmen. Es ist z.B. zulässig, den Auftrag durch eine Veröffentlichung im Internet, in Tageszeitungen oder sonstigen Bekanntmachungsplattformen bekanntzugeben[166].

#### c) Fristen

Die **Angebotsfrist** zur Erstellung und Einreichung der Angebote muss **mindestens zehn Tage** betragen, soweit es sich um einen **Bauauftrag** handelt[167]. Bei sonstigen **Liefer- und Dienstleistungen** muss eine „**ausreichende Frist"** eingehalten werden[168] *(siehe dazu auch Anhang II)*.

Diese muss so bemessen sein, dass die Bieter **ausreichend Zeit für die Erstellung der Angebote** zur Verfügung haben[169]. In der Regel sollte auch bei der Ver-

---

166 *Noch*, Vergaberecht (2011), S. 545 f. (mit einer beispielhaften Auflistung diverser Ausschreibungsplattformen).
167 § 10 Abs. 1 VOB/A.
168 § 10 Abs. 1 VOL/A; dazu: *Noch*, Vergaberecht (2011), S. 573.
169 OLG Düsseldorf, Beschluss v. 28.12.2011 – Verg 73/12 (juris – Rn. 39 ff.).

gabe von Liefer- und Dienstleistungsaufträgen eine Frist von **mindestens zehn Tagen** bestimmt werden. Dabei können als **Orientierungshilfe die Angebotsfristen für europaweite Ausschreibungen** herangezogen werden[170]. Demzufolge sollte die Angebotsfrist in der öffentlichen Ausschreibung etwa 52 Tage betragen, wobei bei einer elektronischen Versendung der Bekanntmachung 45 Tage bzw. bei einem vollständig elektronisch durchgeführten Verfahren (e-Vergabe) 40 Tage veranschlagt werden können[171]. Bei einem vorgeschalteten Teilnahmewettbewerb kann die Angebotsfrist auf bis zu 10 Tage verkürzt werden, was sich dadurch erklärt, dass die Bewerber bereits ihre Eignung nachgewiesen haben[172].

---

**PRAXISTIPP**

Die Länge der Frist sollte sich insbesondere an der Komplexität des zu vergebenden Auftrags orientieren. In der Regel ist eine Angebotsfrist von drei bis vier Wochen ausreichend.

---

Die **Zuschlagsfrist** für die Prüfung und Wertung der Angebote beginnt mit dem Eröffnungstermin und **sollte nicht mehr als 30 Tage betragen**, § 10 Abs. 6 VOB/A. Es ist aber **ausnahmsweise möglich, diese Frist zu verlängern,** wenn sich die Prüfung der Angebote als besonders aufwendig herausstellt, wobei die Vergabestelle dann aber sehr sorgfältig prüfen und abwägen sollte, ob das eigene Interesse an einer Fristverlängerung das Interesse der Bieter an einer schnellen Zuschlagserteilung überwiegt[173].

## 2)  Öffentliche Ausschreibung

Bei der öffentlichen Ausschreibung handelt es sich um ein **einstufiges Verfahren**. Die öffentliche Ausschreibung **entspricht im Wesentlichen dem offenen Verfahren** im Kartellvergaberecht oberhalb der Schwellenwerte[174]:

– Der zu vergebende Auftrag wird von dem Auftraggeber bekannt gemacht. Mit der Bekanntmachung wird eine unbeschränkte Anzahl von Unternehmen zur Abgabe eines Angebots aufgefordert.

---

170  *Franzius* in Pünder/Schellenberg, § 10 VOL/A Rn. 10.
171  Vgl. dazu § 12 EG VOL/A.
172  *Franzius* in Pünder/Schellenberg, § 10 VOL/A Rn. 10.
173  *Noch*, Vergaberecht (2011), S. 573.
174  *Noch*, Vergaberecht (2011), S. 481 ff.

– Die Vergabeunterlagen werden daher im Anschluss vom Auftraggeber an alle interessierten Unternehmen herausgegeben. Die Bieter erstellen auf dieser Grundlage ihre Angebote.

– Anschließend werden die eingegangenen Angebote vom Auftraggeber geprüft und ausgewertet. Dabei findet die Prüfung der Eignung der Teilnehmer zusammen mit der Angebotswertung statt.

– Der Auftraggeber erteilt sodann dem wirtschaftlichsten Angebot den Zuschlag.

### 3) Beschränkte Ausschreibung

Bei der beschränkten Ausschreibung wird der Auftrag **lediglich in einem eingeschränkten Teilnehmerkreis vergeben.** Der Teilnehmerkreis wird entweder in einem vorgeschalteten Wettbewerb ermittelt (bei Liefer- und Dienstleistungen ist dies in der Regel vorgeschrieben) oder von dem Auftraggeber ausgewählt[175].

Die beschränkte Ausschreibung läuft im Wesentlichen wie folgt ab:

– Der Auftrag wird – bei vorgeschaltetem Teilnahmewettbewerb – von dem Auftraggeber mit einer Aufforderung zur Teilnahme am Teilnahmewettbewerb bekannt gegeben.

– Die Teilnehmer werden von dem Auftraggeber ausgewählt. Findet ein Teilnahmewettbewerb statt, erfolgt die Auswahl auf Grundlage der Teilnahmeanträge. Findet kein Teilnahmewettbewerb statt, wählt der Auftraggeber geeignete Unternehmen aus.

– Die ausgewählten Unternehmen werden zur Abgabe eines Angebotes aufgefordert. Dabei versendet der Auftraggeber die Vergabeunterlagen an die Bieter. Die Bieter erstellen auf dieser Grundlage ihre Angebote.

– Die eingegangenen Angebote werden ausgewertet und das wirtschaftlichste Angebot bezuschlagt.

### 4) Freihändige Vergabe

Die freihändige Vergabe bietet die größten Freiheiten für den Auftraggeber. Es bestehen **keine formellen Anforderungen**[176]:

– Ein Teilnahmewettbewerb ist nicht zwingend erforderlich. Der Auftraggeber kann die Bieter selbst auswählen.

– Der Auftraggeber darf mit den Bietern Verhandlungen über den Auftragsinhalt, die Anforderungen, die Auftragsausführung sowie den Preis führen.

---

175 *Noch*, Vergaberecht (2011), S. 491 ff.
176 *Müller-Wrede/Kaelble* in Müller-Wrede, Kompendium des Vergaberechts, S. 467.

# B.  Ausschreibungspflicht nach dem EU-Primärrecht

## I.  Ausschreibungspflicht bei Binnenmarktrelevanz

Eine **Pflicht zur europaweiten Ausschreibung kann aber auch dann bestehen, wenn der einschlägige Schwellenwert nicht erreicht wird.** Aus den im europäischen Primärrecht geregelten Grundfreiheiten und dem europarechtlichen Gleichheitsgrundsatz ergeben sich Anforderungen an die Auftragsvergabe, wenn dieser für den Binnenmarkt relevant ist. Ist dies der Fall, sind allerdings nicht die strengen Anforderungen aus dem Kartellvergaberecht zu beachten, dem die europäischen Vergaberichtlinien zugrunde liegen. Es müssen **lediglich die Allgemeinen Grundsätze des Vergaberechts beachtet werden**[177].

## II.  Prüfung der Binnenmarktrelevanz

Ob ein Auftrag für den Binnenmarkt relevant ist, ist im jeweiligen Einzelfall zu prüfen. Eine Binnenmarktrelevanz liegt dann vor, wenn Unternehmen aus anderen EU-Staaten an dem Auftrag Interesse haben könnten[178].

Dies ist anhand der folgenden Faktoren zu prüfen:

- **Auftragsgegenstand:** Besteht für die zu beschaffende Leistung oder den zu beschaffenden Gegenstand regelmäßig ein grenzüberschreitender Markt?

- **Geschätzter Auftragswert:** Eine Binnenmarktrelevanz ist umso wahrscheinlicher, je näher der Auftragswert an dem einschlägigen Schwellenwert liegt.

- **Besonderheiten des betreffenden Sektors:** Welche Gepflogenheiten bestehen in dem Sektor? Ist eine grenzüberschreitende Tätigkeit typisch?

- **Ort der Leistungserbringung:** Eine Binnenmarktrelevanz ist wahrscheinlicher, je näher der Leistungsort in der Nähe einer Grenze liegt.

## III.  Anforderungen an das Verfahren bei Binnenmarktrelevanz

### 1)  Bekanntmachung

Binnenmarktrelevante Aufträge sind vor ihrer Vergabe von dem Auftraggeber bekannt zu machen. Die Grundsätze der Gleichbehandlung und der Nichtdiskriminierung erfordern eine transparente Auftragsvergabe. Dazu ist es erforderlich, dass sich Unternehmen aus anderen Mitgliedstaaten über die geplante

---

177 *Aicher* in Müller-Wrede, Kompendium des Vergaberechts, S. 146, 369 f.

178 *Aicher* in Müller-Wrede, Kompendium des Vergaberechts, S. 369.

Auftragsvergabe informieren können. Die Bekanntmachung sollte daher eine kurze Beschreibung des Auftrags und des Vergabeverfahrens enthalten[179].

Die Auftraggeber genießen jedoch einen großen Spielraum bei der Art und Weise der Auftragsbekanntmachung. Neben einer freiwilligen Bekanntmachung im EU-Amtsblatt (TED) ist insbesondere eine Bekanntmachung im Internet über nationale Amtsblätter oder Zeitungen sowie Fachpublikationen und lokale Medien zulässig.

### 2) Verfahren

Der Auftraggeber hat **ein faires und unparteiisches Verfahren** sicherzustellen. Im Einzelnen sind dabei die folgenden Punkte zu beachten:

– Diskriminierungsfreie Beschreibung des Auftragsgegenstandes.

– Gleicher Zugang für Wirtschaftsteilnehmer aus allen Mitgliedstaaten: Potentielle Bieter aus anderen Mitgliedstaaten dürfen weder direkt noch indirekt benachteiligt werden.

– Beachtung von Transparenz und Gleichbehandlung.

– Es müssen angemessene Fristen eingehalten werden.

### 3) Reduzierung der Teilnehmerzahl

Eine Reduzierung der Teilnehmerzahl ist zulässig, wenn dies auf transparente und diskriminierungsfreie Weise anhand von objektiven Kriterien erfolgt.

### 4) Auftragsvergabe

Die Vergabe des Auftrags muss den festgelegten Verfahrenswegen entsprechen.

---

179 Ebenda.

# Teil 6 Landesvergaberecht (Suchan)

## A. Einleitung

Das Recht der öffentlichen Auftragsvergabe fällt in die konkurrierende Gesetzgebungskompetenz des Bundes nach Art. 74 Abs. 1 Nr. 11 GG. Der Bund hat allerdings nicht abschließend von seinem Gesetzgebungsrecht Gebrauch gemacht, sondern das Vergaberecht nur nach Maßgabe der unionsrechtlichen Harmonisierung selbst gesetzlich geregelt[180]. Daher **bleibt den Ländern gem. Art. 70, 72 Abs. 1 GG Spielraum zum Erlass eigener vergaberechtlicher Bestimmungen**[181].

Diesen haben die Länder ab 2009, und damit seit Einführung der Möglichkeit zur Berücksichtigung von Umwelt- und Sozialaspekten im nationalen Vergaberecht (§ 97 Abs. 4 S. 2 GWB), verstärkt genutzt[182]. Hierbei hat das **Tariftreue- und Vergabegesetz Nordrhein-Westfalen vom 10.01.2012 (TVgG)**[183] **eine Vorreiterrolle** eingenommen. Als Gesetz mit besonders detaillierter Regelungstechnik, welches besondere Anforderungen an Auftraggeber und Auftragnehmer stellt und die Berücksichtigung von Nachhaltigkeitskriterien sowie eines vergabespezifischen Mindestlohns fordert, kommt dem TVgG eine Vorbildfunktion zu[184]. Mittlerweile verfügen 15 Länder – alle außer Bayern – über eigene Landesvergabegesetze.

Die Landesvergabegesetze unterscheiden sich teilweise in ihrem Anwendungsbereich. Als **Auftraggeber** kommen zumeist die Behörden des jeweiligen Landes, Gemeinden und Gemeindeverbände sowie sonstige der Aufsicht des Landes unterstehende Körperschaften, Anstalten und Stiftungen des öffentlichen Rechts in Betracht[185]. Einige Landesvergabegesetze erstrecken ihren persönlichen Anwendungsbereich aber auch auf den weitergehenden Begriff des öffentlichen Auftraggebers im Sinne des § 98 GWB[186]. Der sachliche An-

---

180 *Dörr* in Dreher/Motzke-*Dörr*, BeckOK-Vergaberecht, Einleitung, Rn. 84.

181 BVerfG, Beschl. v. 11.07.2006 – 1 BvL 4/00; *Dörr* in Dreher/Motzke, BeckOK, Einleitung; Rn. 84.

182 *Meißner* ZfBR 2014, 453.

183 Gesetz über die Sicherung von Tariftreue und Sozialstandards sowie fairen Wettbewerb bei der Vergabe öffentlicher Aufträge (Tariftreue- und Vergabegesetz Nordrhein-Westfalen – TVgG – NRW) vom 10. Januar 2012.

184 *Meißner* ZfBR 2014, 453; *Marx* in Danner/Theobald, 162. Vergaberecht für Versorgungsbetriebe, Rn. 281.

185 So auch *Opitz* in Dreher/Motzke, BeckOK-Vergaberecht, § 97 GWB, Rn. 101.

186 Zum Beispiel § 1 Abs. 1 Berliner Ausschreibungs- und Vergabegesetz; § 2 Abs. 1 Bremisches Tariftreue- und Vergabegesetz; § 1 Abs. 1 Saarländisches Tariftreuegesetz.

wendungsbereich bezieht sich fast durchweg auf **Bau-, Liefer- oder Dienstleistungen.**

Die Landesvergabegesetze differenzieren regelmäßig nicht zwischen Auftragsvergaben im Unterschwellenbereich und solchen im Bereich ab Erreichen der Schwellenwerte[187]. **Ihre Anwendbarkeit ist jedoch meist durch das Erreichen eines bestimmten, landesspezifischen, geschätzten Auftragswertes bedingt.** Dieser liegt je nach Land zwischen 3.000 € und 50.000 €, wobei zum Teil noch Abstufungen je nach Art des öffentlichen Auftrags gelten.

In allen Landesvergabegesetzen – mit Ausnahme des Sächsischen Vergabegesetzes – finden sich **Regelungen zur Tariftreue** für alle Branchen mit allgemein verbindlichem Tarifvertrag nach dem Arbeitnehmer-Entsendegesetz[188]. Der Auftragnehmer muss sich danach bei Angebotsabgabe schriftlich verpflichten, seinen Beschäftigten diejenigen Arbeitsbedingungen einschließlich des Entgelts zu gewähren, die der nach dem Arbeitnehmer-Entsendegesetz[189] einzuhaltende Tarifvertrag vorgibt. Die Mehrzahl der Landesvergabegesetze sieht zudem eine Tariftreuepflicht im Verkehrssektor vor. Hier gelten dann die einschlägigen und repräsentativen Tarifverträge, die auch vom Auftraggeber bestimmt werden können. Außerdem geben die meisten Landesvergabegesetze einen **vergabespezifischen Mindestlohn vor,** der von 8,50 € über 8,85 € in Nordrhein-Westfalen, 8,90 € in Rheinland-Pfalz bis zu 9,18 € in Schleswig Holstein reicht[190]. Viele Länder verpflichten den Auftraggeber auch dazu, bei der Auftragsvergabe **Umweltkriterien sowie soziale Kriterien** – wie die Beachtung der ILO-Kernarbeitsnormen, Frauenförderung, Ausbildungsplätze, Beschäftigung von Behinderten und Langzeitarbeitslosen – zu berücksichtigen. Das Sächsische Vergabegesetz hebt sich von den anderen Landesvergabegesetzen dadurch ab, dass es weder Tariftreue- oder Mindestlohnbestimmungen noch die Verpflichtung zur Beachtung von Umwelt- oder Sozialkriterien enthält.

Vergaberechtlich bedeutsam sind schließlich die von einigen Ländern erlassenen **Mittelstandsförderungs-, Korruptionsbekämpfungs-, Abfall- und Gleichstellungsgesetze.**

---

187 Anders das Niedersächsische Tariftreue- und Vergabegesetz, nach dessen § 2 Abs. 2 im Oberschwellenbereich nur bestimmte seiner Vorschriften anwendbar sind, oder das Sächsische Vergabegesetz, das nur im Unterschwellenbereich anwendbar ist (§ 1 Abs. 1).

188 Siehe auch *Meißner* ZfBR 2014, 453.

189 Gesetz über zwingende Arbeitsbedingungen für grenzüberschreitend entsandte und für regelmäßig im Inland beschäftigte Arbeitnehmer und Arbeitnehmerinnen (Arbeitnehmer-Entsendegesetz – AEntG) vom 20. April 2009.

190 *NRW:* § 1 der Vergabe-Mindestentgelt-Verordnung (VgMinVO) vom 19. November 2014; *Rheinland-Pfalz:* § 3 des Landestariftreuegesetzes (LTTG).

## B.  Baden-Württemberg

### I.  Tariftreue- und Mindestlohngesetz (LTMG)

Das LTMG[191] enthält zusätzliche Regelungen für die **Vergabe von Bau- und Dienstleistungen mit einem Auftragswert ab 20.000 €** (§ 2 Abs. 3 LTMG). Lieferleistungen sind vom Anwendungsbereich des Gesetzes ausgenommen (vgl. § 2 Abs. 1 LTMG).

Stadtwerke sind an das Gesetz unabhängig davon gebunden, ob sie nur Sektorenauftraggeber sind oder aufgrund von Tätigkeiten im Bereich der Daseinsvorsorge und eines beherrschenden Einflusses des Landes oder der Kommunen zugleich allgemeiner öffentlicher Auftraggeber sind (vgl. § 2 Abs. 4 S. 1 LTMG).

Das Gesetz enthält im Wesentlichen Anforderungen in Bezug auf die Tariftreuepflicht sowie die Zahlung eines Mindestlohns:

– Besteht ein nach dem **Arbeitnehmer-Entsendegesetz allgemein verbindlicher Tarifvertrag**, ist dieser von den Auftragnehmern bei der Auftragserfüllung einzuhalten. Der Auftragnehmer muss seinen Mitarbeitern daher bei der Auftragserfüllung den im Tarifvertrag festgesetzten Lohn bezahlen und die darin geregelten Arbeitsbedingungen einhalten (§ 3 Abs. 1 LTMG).

– Besteht ein aufgrund einer **Rechtsverordnung nach § 4 Abs. 3 Mindestarbeitsbedingungsgesetz verbindlicher Tarifvertrag**, muss der Auftragnehmer den darin festgesetzten Lohn bezahlen und die enthaltenen Arbeitsbedingungen einhalten (§ 3 Abs. 2 LTMG).

– Besteht **kein** solcher **verbindlicher Tarifvertrag**, ist der vergabespezifische Mindestlohn von **8,50 €** einzuhalten (§ 4 Abs. 1 LTMG).

Die Bewerber haben dazu eine Erklärung abzugeben, mit der sie sich verpflichten, diese Anforderungen im Falle der Auftragserteilung einzuhalten (§ 3 Abs. 1, 2, § 4 Abs. 1 LTMG). Beabsichtigt ein Bewerber im Falle der Auftragserteilung, Nachunternehmer einzusetzen, muss sich der Nachunternehmer gegenüber dem Auftragnehmer ebenfalls zur Einhaltung dieser Anforderungen verpflichten und dazu eine entsprechende Erklärung abgeben (§ 6 Abs. 2 LTMG).

---

**PRAXISTIPP**

Beim Regierungspräsidium Stuttgart ist eine Servicestelle eingerichtet, die über das Tariftreue- und Mindestlohngesetz und die jeweiligen Entgelte

---

191 Tariftreue- und Mindestlohngesetz für öffentliche Aufträge in Baden-Württemberg (Landestariftreue- und Mindestlohngesetz – LTMG) vom 16. April 2013.

aus den einschlägigen Tarifverträgen informiert. Die Servicestelle gibt im Internet Muster für die Abgabe der Verpflichtungserklärungen bekannt, die verwendet werden können[192].

Zur Durchsetzung dieser Vorgaben ist von dem Auftraggeber in den Vertrag aufzunehmen, dass

- für jeden schuldhaften Verstoß eine Vertragsstrafe zu zahlen ist (§ 8 Abs. 1 LTMG),
- im Falle eines Verstoßes eine fristlose Kündigung aus wichtigem Grund durch den Auftraggeber zulässig ist (§ 8 Abs. 2 LTMG),
- der Auftragnehmer dem Auftraggeber den durch den Verstoß entstandenen Schaden zu ersetzen hat.

Zudem sollen Verstöße gegen die Tariftreue- und Mindestlohnregelungen zu einem Ausschluss von Vergabeverfahren bis zu drei Jahren führen (§ 8 Abs. 3 LTMG).

## II. Mittelstandsförderungsgesetz (MFG BW)

Besondere Vorgaben ergeben sich zudem aus dem Mittelstandsförderungsgesetz[193]. Ob diese von Stadtwerken einzuhalten sind, hängt davon ab, wie diese organisiert sind.

Wenn das Stadtwerk als **Eigenbetrieb** oder als **Zweckverband** organisiert ist, dann muss es die Vorgaben unmittelbar einhalten[194].

Wenn das Stadtwerk als **juristische Person des Privatrechts** organisiert ist, dann ist es nicht unmittelbar an die Vorgaben gebunden, in diesem Fall muss aber der kommunale bzw. staatliche Anteilseigner seine Gesellschaftsrechte so ausüben, dass der Zweck des Mittelstandsförderungsgesetzes beachtet wird und **mittelständische Unternehmen bei der Vergabe von Aufträgen berücksichtigt werden**[195].

Sofern der **Auftragswert mindestens 30.000 € beträgt,** sind von den Stadtwerken daher die folgenden Vorgaben (zumindest mittelbar) zu beachten:

---

192 Abrufbar unter: https://rp.baden-wuerttemberg.de/Themen/Wirtschaft/Tariftreue/Seiten/Mustererklaerungen.aspx

193 Gesetz zur Mittelstandsförderung vom 19. Dezember 2000.

194 Für die Eigenbetriebe folgt dies aus: § 2 Abs. 1 MFG BW i. V. m. § 3 Abs. 1 EigBG BW; für die Zweckbetriebe aus: § 2 Abs. 1 MFG BW i. V. m. § 5 Abs. 2 GKZ BW.

195 § 2 Abs. 2 BFG BW.

– Die Aufträge sollen **gestreut** und die Leistungen so **in Lose zerlegt** werden, dass die Beteiligung von kleineren Unternehmen ermöglicht wird (§ 22 Abs. 1 S. 2, 3 Mittelstandsförderungsgesetz).

– Die **Zusammenfassung mehrerer oder sämtlicher Fachlose** bei einem Bauvorhaben ist **nur ausnahmsweise zulässig,** nämlich wenn dies aus wirtschaftlichen oder technischen Gründen Vorteile bringt (§ 22 Abs. 2 Mittelstandsförderungsgesetz).

– Bei der Einschaltung von **Nachunternehmen** sollen **bevorzugt Unternehmen der mittelständischen Wirtschaft** beteiligt werden (§ 22 Abs. 4 Nr. 1 Mittelstandsförderungsgesetz).

– Bei der Vergabe von Bauleistungen ist die **VOB anzuwenden.** Dies soll im Falle der Einschaltung **von Nachunternehmen auch mit diesen vereinbart** werden (§ 22 Abs. 4 Nr. 3 Mittelstandsförderungsgesetz).

## C. Bayern

Bayern hat als einziges Bundesland **kein eigenes Vergabegesetz** erlassen. Stadtwerke in Bayern müssen daher verhältnismäßig wenige Vorgaben beachten.

Die **haushaltsrechtlichen Anforderungen** beziehen sich grundsätzlich allein auf das Land Bayern und die Kommunen. Für die **Stadtwerke sind sie u. a. dann relevant, wenn** diese als **Eigenbetriebe** oder als Kommunalunternehmen ausgestaltet sind[196]. Bei juristischen Personen des Privatrechts, an denen die Gemeinde mit mehr als 50 % beteiligt ist, hat die Gemeinde sicherzustellen, dass die Vorgaben eingehalten werden; bei einer geringeren Beteiligung hat sie darauf hinzuwirken.

**Für Stadtwerke ist das Gesetz über die Förderung der mittelständischen Unternehmen sowie der Freien Berufe**[197] von Bedeutung. Danach ist das Ziel der Mittelstandsförderung bei der Auftragsvergabe zu beachten. Dies soll insbesondere durch die **Teilung von Aufträgen in Fach- und Teillose** erfolgen, § 18 Abs. 1 Satz 2 MfG Bayern.

Dieses Gesetz gilt aber unmittelbar allein für den Freistaat Bayern, die Gemeinden und Gemeindeverbände sowie die sonstigen Körperschaften, Stiftungen und Anstalten des öffentlichen Rechts (Art. 1 Abs. 2 MfG). **Die Stadtwerke sind allein mittelbar betroffen:** Die o. g. Körperschaften sollen mittels ihrer Gesellschafterrechte darauf hinwirken, dass der Zweck des Mittelstandsförde-

---

196 Art. 95 Abs. 1 S. 1 GO Bayern.

197 Gesetz über die Förderung der mittelständischen Unternehmen sowie der Freien Berufe (Mittelstandsförderungsgesetz – MfG) vom 20. Dezember 2007.

rungsgesetzes auch in den öffentlich kontrollierten Unternehmen beachtet wird und die Grundsätze des fairen Wettbewerbs, der Transparenz und der Gleichbehandlung beachtet und die Belange des Mittelstands berücksichtigt werden (Art. 1 Abs. 3, Art. 18 Abs. 5 MfG).

# D. Berlin

## I. Berliner Ausschreibungs- und Vergabegesetz (BerlAVG)

### 1) Anwendungsbereich

Das BerlAVG[198] gilt für sämtliche Auftraggeber im Sinne von § 98 GWB a. F.[199] (§ 1 Abs. 1 BerlAVG). Erfasst sind daher neben staatlichen und funktionalen öffentlichen Auftraggebern auch Sektorenauftraggeber. **Somit sind die Vorgaben von kommunalen Stadtwerken vollumfänglich einzuhalten.**

Das BerlAVG findet **ab einem Auftragswert von 10.000 €** Anwendung. Die Vorgaben zum **Mindestlohn** sind bereits ab einem **Auftragswert von 500 €** zu beachten (§ 1 Abs. 6 S. 4 BerlAVG).

Das BerlAVG enthält neben einer Tariftreueregelung auch Bestimmungen zu vergabefremden Aspekten.

### 2) Tariftreue und Mindestlohn

Auftragnehmer sind verpflichtet, nach dem **AEntG allgemein verbindliche Tarifverträge einzuhalten.** Fällt der konkrete Auftrag daher in den Anwendungsbereich eines solchen Tarifvertrages, muss der Auftragnehmer seinen Mitarbeitern zwingend den darin enthaltenen Mindestlohn bezahlen und die übrigen Bestimmungen des Tarifvertrages einhalten (§ 1 Abs. 2 S. 1 BerlAVG).

**Besteht ein solcher Tarifvertrag nicht,** ist von dem Auftragnehmer der vergabespezifische **Mindestlohn i. H. v. 8,50 €** einzuhalten (§ 1 Abs. 4 BerlAVG).

Die Bewerber haben dazu eine Erklärung abzugeben, mit der sie sich verpflichten, diese Anforderungen im Falle der Auftragserteilung einzuhalten (§ 1 Abs. 2 S. 1, Abs. 4 S. 1 BerlAVG). Beabsichtigt ein Bewerber, im Falle der Auftragserteilung Nachunternehmer einzusetzen, muss sich der Nachunternehmer gegenüber dem Auftragnehmer ebenfalls zur Einhaltung dieser Anforderungen verpflichten und dazu eine entsprechende Erklärung abgeben (§ 1 Abs. 6 S. 1–3 BerlAVG).

---

198 Berliner Ausschreibungs- und Vergabegesetz (BerlAVG) vom 8.7.2010.

199 GWB in der Fassung der Bekanntmachung vom 15. Juli 2005 (BGBl. I S. 2 114; 2009 I S. 3850), das zuletzt durch Art. 13 Abs. 2 S. 1 des Gesetzes vom 25.5.2009 (BGBl. I S. 1102) geändert worden ist.

> **PRAXISTIPP**
>
> Der Auftragnehmer kann dazu einen Vordruck verwenden, der üblicherweise von dem Auftraggeber an die interessierten Unternehmen herausgegeben wird. Der Bewerber muss diesen Vordruck nur noch ausfüllen und unterzeichnen[200].

### 3) Umweltschutz und soziale Aspekte

**Berücksichtigung vergabefremder Aspekte:** Auftraggeber dürfen zusätzliche, insbesondere soziale, umweltbezogene oder innovationsbezogene Anforderungen an die Auftragnehmer stellen. Diese müssen aber mit dem Auftragsgegenstand in einem sachlichen Zusammenhang stehen (§ 1 Abs. 7 S. 1 BerlAVG).

**Umweltverträgliche Beschaffung:** Bei der Auftragsvergabe sind ökologische Kriterien zu berücksichtigen (§ 7 Abs. 1 S. 1 BerlAVG). Negative Umweltauswirkungen durch die beschaffte Leistung sollen möglichst vermieden werden (§ 7 Abs. 1 S. 3 BerlAVG).

Daraus ergeben sich Anforderungen für sämtliche Stufen des Vergabeverfahrens:

- Bereits **im Vorfeld der Beschaffung,** bei der Festlegung der Leistungsanforderungen, soll umweltfreundlichen und energieeffizienten Produkten, Materialien und Verfahren der Vorzug gegeben werden (§ 7 Abs. 1 S. 2 BerlAVG).
- Bei der **Wertung der Angebote** sind die gesamten Lebenszykluskosten zu berücksichtigen (§ 7 Abs. 2 BerlAVG).

**ILO-Kernarbeitsnormen:** Es sollen keine Waren beschafft werden, die unter Missachtung der Mindestanforderungen aus den ILO-Kernarbeitsnormen gewonnen oder hergestellt wurden (§ 8 Abs. 1 S. 1 BerlAVG).

> **PRAXISTIPP**
>
> Waren oder Warengruppen, die unter Missachtung von ILO-Kernarbeitsnormen hergestellt oder gewonnen werden könnten, sind in einer von der zuständigen Senatsverwaltung geführten Liste enthalten[201].

---

200 Abrufbar unter: https://www.berlin.de/vergabeservice/vergabeleitfaden/formulare/
201 Senatsverwaltung für Wirtschaft, Technologie und Forschung/Senatsverwaltung für Stadtentwicklung und Umwelt; Gemeinsames Rundschreiben Nr. 1/2012 vom 29.2.2012. Abrufbar unter: https://www.berlin.de/vergabeservice/vergabeleitfaden/rundschreiben/

**Frauenförderung:** Bei **Liefer- und Dienstleistungsaufträgen** mit einem Wert von **mindestens 25.000 €** sowie **Bauaufträgen** mit einem Wert von **mindestens 200.000 €** sind Auftragnehmer zur Durchführung von Maßnahmen zur Frauenförderung und zur Beachtung des Landesgleichstellungsgesetzes zu verpflichten, sofern bei dem Auftragnehmer **mehr als zehn Personen beschäftigt** sind (§ 9 S. 1 BerlAVG, § 13 Abs. 1 LGG[202]).

**Ausbildungsbetriebe:** Bei Gleichwertigkeit von Angeboten erhalten Unternehmen bevorzugt den Zuschlag, die Ausbildungsplätze bereitstellen, sich an tariflichen Umlageverfahren zur Sicherung der beruflichen Erstausbildung oder an Ausbildungsverbänden beteiligen (§ 10 S. 1 BerlAVG).

## II. Korruptionsregistergesetz[203]

Öffentliche Auftraggeber sind verpflichtet, vor Entscheidungen über die Vergabe öffentlicher Aufträge mit einem Wert ab **15.000 €** bei der zuständigen Informationsstelle abzufragen, ob zu den möglichen Auftragnehmern Eintragungen im Korruptionsregister vorliegen (§ 6 Abs. 1 S. 1 KRG).

# E. Brandenburg

## I. Brandenburgisches Vergabegesetz (BbgVergG)

### 1) Anwendungsbereich

Das Brandenburgische Vergabegesetz[204] ist **von sämtlichen kommunalen Stadtwerken** unabhängig **davon zu beachten,** ob sie allein Sektorenauftraggeber oder auch funktionaler öffentlicher Auftraggeber sind. Entscheidend ist, dass sie staatlich oder kommunal beherrscht werden (vgl. § 1 Abs. 2 BbgVergG).

Anzuwenden sind die Vorgaben des BbgVergG für alle Vergabeverfahren **ab einem Auftragswert von 3.000 €** (§ 1 S. 1 BbgVergG).

### 2) Vorgaben im Einzelnen

Im Anwendungsbereich des BbgVergG dürfen Aufträge allein an **fachkundige, gesetzestreue und zuverlässige Unternehmen** vergeben werden (§ 2 S. 1 Bbg-

---

202 Berliner Landesgleichstellungsgesetz (LGG).

203 Gesetz zur Einrichtung und Führung eines Registers über korruptionsauffällige Unternehmen in Berlin (Korruptionsregistergesetz – KRG) vom 19. April 2006.

204 Brandenburgisches Gesetz über Mindestanforderungen für die Vergabe von öffentlichen Aufträgen (Brandenburgisches Vergabegesetz – BbgVergG) vom 21. September 2011.

VergG). Darüber hinaus enthält das Gesetz **Regelungen zur Tariftreue und zum Mindestlohn** sowie zur Berücksichtigung **vergabefremder Aspekte.**

## a) Tariftreue

Auftragnehmer sind verpflichtet, nach dem **AEntG allgemein verbindliche Tarifverträge einzuhalten.** Fällt der konkrete Auftrag daher in den Anwendungsbereich eines solchen Tarifvertrages, muss der Auftragnehmer seinen Mitarbeitern zwingend den darin enthaltenen Mindestlohn bezahlen und die übrigen Bestimmungen des Tarifvertrages einhalten (§ 3 Abs. 1 BbgVergG).

**Besteht ein solcher Tarifvertrag nicht,** ist von dem Auftragnehmer der vergabespezifische **Mindestlohn i. H. v. 8,50 €** einzuhalten (§ 3 Abs. 3 BbgVergG).

Die Bewerber haben dazu eine Erklärung abzugeben, mit der sie sich verpflichten, diese Anforderungen im Falle der Auftragserteilung einzuhalten (§ 3 Abs. 1 S. 1, Abs. 3 S. 1 BbgVergG). Beabsichtigt ein Bewerber, im Falle der Auftragserteilung Nachunternehmer einzusetzen, muss sich der Nachunternehmer gegenüber dem Auftragnehmer ebenfalls zur Einhaltung dieser Anforderungen verpflichten und dazu eine entsprechende Erklärung abgeben (§ 5 Abs. 1 BbgVergG).

---

**PRAXISTIPP**

Der Auftragnehmer kann dazu einen Vordruck verwenden, der üblicherweise von dem Auftraggeber an die interessierten Unternehmen herausgegeben wird. Der Bewerber muss diesen Vordruck nur noch ausfüllen und unterzeichnen.

---

Die Vorgaben zur Tariftreue und zum Mindestlohn sind jedoch **nicht einzuhalten,** wenn der Auftragswert **bei Liefer- und Dienstleistungen maximal 10.000 €** bzw. bei **Bauleistungen maximal 50.000 €** beträgt und für den Auftrag **ein nach dem AEntG verbindlicher Mindestlohn** besteht, der den vergabespezifischen Mindestlohn erreicht oder übersteigt (§ 1 Abs. 1 S. 2 BbgVergG).

Zur Durchsetzung dieser Vorgaben ist von dem Auftraggeber in den Vertrag aufzunehmen, dass

- für jeden schuldhaften Verstoß eine Vertragsstrafe zu zahlen ist (§ 9 Abs. 1 BbgVergG),
- im Falle eines Verstoßes eine Kündigung durch den Auftraggeber zulässig ist (§ 9 Abs. 2 BbgVergG),
- der Auftragnehmer dem Auftraggeber den durch den Verstoß entstandenen Schaden zu ersetzen hat.

Zudem sollen Verstöße gegen die Tariftreue- und Mindestlohnregelungen zu einem Ausschluss von Vergabeverfahren für bis zu drei Jahren führen (§ 9 Abs. 3 BbgVergG).

## II. Mittelstandsförderungsgesetz (BbgMFG)

Das Mittelstandsförderungsgesetz[205] ist **auf Stadtwerke mittelbar anwendbar:** Die staatlichen und kommunalen Anteilseigner sollen durch ihre Gesellschafterrechte darauf hinwirken, dass die Grundsätze des BbgMFG durch die kommunalen Unternehmen beachtet werden (§ 2 Abs. 2 BbgMFG).

Im Einzelnen müssen von den Stadtwerken die folgenden Punkte beachtet werden:

- Die Aufträge sollen **gestreut** und die Leistungen so in **Lose zerlegt** werden, dass die Beteiligung von kleineren Unternehmen ermöglicht wird (§ 5 Abs. 3 BbgMFG).
- Bei der Einschaltung von **Nachunternehmen** sollen **bevorzugt Unternehmen der mittelständischen Wirtschaft** beteiligt werden (§ 5 Abs. 5 BbgMFG).
- Bei der Vergabe von Bauleistungen ist **die VOB anzuwenden.** Dies soll im Falle der Einschaltung von **Nachunternehmen auch mit diesen vereinbart werden** (§ 5 Abs. 6 BbgMFG).

## III. Landesgleichstellungsgesetz (LGG)

Ebenfalls **mittelbar auf Stadtwerke anwendbar** ist das Landesgleichstellungsgesetz[206]. Danach sollen Aufträge mit einem Wert von **über 50.000 €** bei gleichwertigen Angeboten bevorzugt an Unternehmen vergeben werden, die sich der Gleichstellung von Frauen im Erwerbsleben nachweisbar angenommen haben (§ 14 Abs. 1 LGG).

## IV. Abfall- und Bodenschutzgesetz (BbgAbfBodG)

Aus dem Abfall- und Bodenschutzgesetz[207] ergeben sich **mittelbar Vorgaben für die Auftragsvergabe durch Stadtwerke.** Die staatlichen und kommunalen Anteilseigner sollen darauf hinwirken, dass bevorzugt Produkte beschafft werden, die bei der Produktion, Nutzung und Verwertung wenig Abfall verursachen (§ 27 Abs. 2 BbgAbfBodG).

---

205 Gesetz zur Förderung des Mittelstandes im Land Brandenburg (Brandenburgisches Mittelstandsförderungsgesetz – BbgMFG) v. 8.5.1992.

206 Gesetz zur Gleichstellung von Frauen und Männern im öffentlichen Dienst im Land Brandenburg (Landesgleichstellungsgesetz – LGG) v. 4.7.1994.

207 Brandenburgisches Abfall- und Bodenschutzgesetz (BbgAbfBodG) v. 6.6.1997.

## F.  Bremen

### I.  Tariftreue- und Vergabegesetz (TtVG)

**Aufgrund des Tariftreue- und Vergabegesetzes des Landes Bremen** (TtVG)[208] sind bei der Vergabe **aller** öffentlichen Aufträge über **Bau-, Liefer- und Dienstleistungen** folgende Punkte zu beachten:

#### 1)  Vorgaben zum Vergabeverfahren

Das TtVG enthält Vorgaben zum einzuhaltenden Vergabeverfahren **unterhalb des Schwellenwertes.** Von diesen Vorgaben sind Stadtwerke **ausgenommen, soweit** sie **Sektorentätigkeiten** ausüben (§ 2 Abs. 2 TtVG).

Sofern Stadtwerke als staatlicher oder funktionaler öffentlicher Auftraggeber tätig werden, gelten die folgenden Anforderungen:

- Sämtliche Aufträge mit einem Wert von **unter 10.000 €** können im Wege einer **freihändigen Vergabe ohne Bekanntmachung** vergeben werden (§ 5 S. 1 TtVG).

- **Bauaufträge:** Für die Vergabe von Bauaufträgen ist grundsätzlich die **VOB/A** anwendbar (§ 6 Abs. 1 TtVG). Sollen Aufträge in **einem anderen Verfahren als der öffentlichen Ausschreibung** vergeben werden, ist dies gesondert **zu begründen** (§ 6 Abs. 2 TtVG).

- **Dienstleistungsaufträge:** Für die Vergabe von Liefer- und Dienstleistungsaufträgen ist grundsätzlich die **VOL/A anwendbar** (§ 7 Abs. 1 TtVG). **Bis zu** einem Auftragswert von **40.000 €** können Aufträge im Wege einer **beschränkten Ausschreibung** vergeben werden, solange dies in transparenter und nicht diskriminierender Weise geschieht (§ 7 Abs. 3 TtVG). Sollen im Übrigen Aufträge **in einem anderen Verfahren** vergeben werden, so ist dies gesondert **zu begründen** (§ 7 Abs. 2 TtVG).

#### 2)  Tariftreue und Mindestlohn

Auftragnehmer sind verpflichtet, nach **dem AEntG allgemein verbindliche Tarifverträge** einzuhalten. Fällt der konkrete Auftrag daher in den Anwendungsbereich eines solchen Tarifvertrages, muss der Auftragnehmer seinen Mitarbeitern zwingend den darin enthaltenen Mindestlohn bezahlen und die übrigen Bestimmungen des Tarifvertrages einhalten (§ 11 S. 1 TtVG).

---

208 Bremisches Gesetz zur Sicherung von Tariftreue, Sozialstandards und Wettbewerb bei öffentlicher Auftragsvergabe (Tariftreue- und Vergabegesetz) v. 24.11.2009.

**Besteht ein solcher Tarifvertrag nicht,** ist von dem Auftragnehmer der vergabespezifische **Mindestlohn i.H.v. 8,80 €** einzuhalten (§ 9 Abs. 1 TtVG, § 9 Abs. 3 MindLohnG[209], § 1 MindLohnVO[210]).

Die Bewerber haben dazu eine Erklärung abzugeben, mit der sie sich verpflichten, diese Anforderungen im Falle der Auftragserteilung einzuhalten (§ 11 S. 1, § 9 Abs. 1 TtVG). Beabsichtigt ein Bewerber, im Falle der Auftragserteilung Nachunternehmer einzusetzen, muss sich der Nachunternehmer gegenüber dem Auftragnehmer ebenfalls zur Einhaltung dieser Anforderungen verpflichten und dazu eine entsprechende Erklärung abgeben (§ 13 S. 2 TtVG).

---

## PRAXISTIPP

Der Auftragnehmer kann dazu einen Vordruck verwenden, der üblicherweise von dem Auftraggeber an die interessierten Unternehmen herausgegeben wird. Der Bewerber muss diesen Vordruck nur noch ausfüllen und unterzeichnen.

---

**Berücksichtigung vergabefremder Aspekte:** Auftraggeber dürfen zusätzliche, insbesondere soziale, umweltbezogene oder innovationsbezogene Anforderungen an die Auftragnehmer stellen. Diese müssen aber mit dem Auftragsgegenstand in einem sachlichen Zusammenhang stehen (§ 18 Abs. 1 S. 1 TtVG).

**Umweltverträgliche Beschaffung:** Bei der Auftragsvergabe sind ökologische Kriterien zu berücksichtigen (§ 19 Abs. 1 TtVG). Obgleich das TtVG hierzu keine expliziten Vorgaben enthält, kann in entsprechender Anwendung anderer landesrechtlicher Bestimmungen[211] davon ausgegangen werden, dass negative Umweltauswirkungen durch die beschaffte Leistung möglichst vermieden werden sollen. Dazu können die Auftraggeber zusätzliche Anforderungen an die Auftragnehmer stellen, die insbesondere soziale, umweltbezogene und innovative Aspekte betreffen (§ 18 Abs. 1 S. 1 TtVG). Der Auftraggeber kann ferner Umwelteigenschaften in Form von Leistungs- und Funktionsanforderungen vorschreiben (§ 19 Abs. 2 TtVG).

**ILO-Kernarbeitsnormen und Gleichstellung Schwerbehinderter:** Es sollen keine Waren beschafft werden, die unter Missachtung der Mindestanforderungen aus

---

209 Mindestlohngesetz für das Land Bremen (Landesmindestlohngesetz – MindLohnG) v. 17.7.2012.

210 Verordnung über den Mindestlohn nach dem Landesmindestlohngesetz (Mindestlohnverordnung – MindLohnVO) v. 23.9.2014.

211 Vgl. etwa § 7 Abs. 1 BerlAVG.

den ILO-Kernarbeitsnormen gewonnen oder hergestellt wurden (§ 18 Abs. 2 TtVG). Angebote von Bietern, die die Pflicht zur Beschäftigung schwerbehinderter Menschen erfüllen sowie Ausbildungsplätze bereitstellen, werden bei wirtschaftlicher Gleichwertigkeit des Angebotes bevorzugt (§ 18 Abs. 3 S. 1 TtVG).

**3) Mittelstandsförderung:**

Zur Förderung des Mittelstandes müssen Aufträge so **in Lose zerlegt werden,** dass die Beteiligung von kleineren Unternehmen ermöglicht wird (§ 4 Abs. 1 TtVG).

## G. Hamburg

### I. Landesvergabegesetz

Das Hamburgische Vergabegesetz (HmbVgG)[212] ist nur auf die Freie Hansestadt Hamburg sowie die ihrer Aufsicht unterliegenden juristischen Personen des öffentlichen Rechts direkt anwendbar, § 2 Abs. 1 HmbgVgG.

Kommunale Stadtwerke fallen nur dann **mittelbar in den Anwendungsbereich,** wenn sie zugleich aufgrund von **Tätigkeiten im Bereich der Daseinsvorsorge funktionaler Auftraggeber** i. S. v. § 98 Nr. 2 GWB a. f. sind (§ 2 Abs. 2 S. 1 HmbgVgG). Die Freie Hansestadt Hamburg sowie die unter ihrer Aufsicht stehenden juristischen Personen des öffentlichen Rechts sind verpflichtet, mittels ihrer Gesellschafterrechte die Anwendung des HmbgVgG sowie der VOL/A und der VOB/A in diesen kommunalen Unternehmen durchzusetzen (§ 2 Abs. 2 S. 2 HmbgVgG).

Bei der **Vergabe von Sektorenaufträgen** ist sowohl von staatlichen oder kommunalen öffentlichen Auftraggebern als auch von Sektorenauftraggebern die SektVO anzuwenden.

### II. Gesetz zur Einrichtung eines Registers zum Schutz fairen Wettbewerbs[213]

Zu beachten ist vor allem die Regelung des § 4 GRfW, wonach die öffentlichen Auftraggeber verpflichtet sind, der zentralen Informationsstelle die ihnen im Laufe des Vergabeverfahrens bekannt gewordenen **Verfehlungen der Bieter in geeigneter Form unverzüglich detailliert mitzuteilen.** Außerdem besteht gemäß § 7 GRfW eine Verpflichtung zur Registerabfrage vor Entscheidungen über die Vergabe von **Liefer- und Dienstleistungen** sowie von Planungsleistungen ab

---

212 Hamburgisches Vergabegesetz (HmbVgG) v. 13.2.2006.
213 Gesetz zur Einrichtung eines Registers zum Schutz fairen Wettbewerbs (GRfW) v. 17.9.2013.

einem Auftragswert von **25.000 €** und vor Entscheidungen über die Vergabe von **Bauleistungen** ab **50.000 €.**

## III. Hamburgisches Abfallwirtschaftsgesetz (HmbAbfG)

Die Stadt Hamburg soll im Rahmen ihrer Möglichkeiten auf die kommunalen **Stadtwerke,** an denen sie mittelbar oder unmittelbar beteiligt ist, derart einwirken, dass diese **die Regelungen des Hamburgischen Abfallwirtschaftsgesetzes (HmbAbfG)**[214] **beachten** (§ 2 Abs. 1, 2 HmbAbfG). Im Einzelnen bedeutet dies, dass im Beschaffungs- und Auftragswesen solchen Erzeugnissen der Vorzug gegeben werden soll, die in **abfallarmen und rohstoffschonenden Produktionsverfahren** hergestellt werden. Privilegiert werden sollen Erzeugnisse, die sich durch **Langlebigkeit und Wiederverwendbarkeit** auszeichnen und im Vergleich zu anderen Erzeugnissen zu weniger oder schadstoffärmeren Abfällen führen. Außerdem sollen die Erzeugnisse sich zu einer **möglichst hochwertigen Verwertung** eignen und **umweltverträglich beseitigt** werden können. Das alles gilt, soweit keine unzumutbaren Kosten entstehen (§ 2 Abs. 1 HmbAbfG).

# H. Hessen

Das hessische Vergabe- und Tariftreuegesetz (HVTG)[215] ist auf das Land Hessen, die Gemeinden und Gemeindeverbände, ihre Eigenbetriebe, Anstalten des öffentlichen Rechts sowie ihre kommunalen Arbeitsgemeinschaften und Zweckverbände anwendbar[216]. Die Vorgaben sind daher **von Stadtwerken, die als juristische Person des Privatrechts ausgestaltet sind, nicht zu beachten;** sofern das Stadtwerk aber ein **Eigenbetrieb ist, sind die Vorgaben des Gesetzes einzuhalten.**

Sachlich ist der Anwendungsbereich auf Vergaben mit einem Auftragswert von **mindestens 10.000 €** beschränkt[217], **sofern der Auftragswert niedriger ist,** sind **allein die Bestimmungen zur Tariftreue und zum Mindestlohn zu beachten**[218].

Das HVTG enthält im Wesentlichen Regelungen zu den folgenden Punkten:

- Vergabeverfahren

- Tariftreue und Mindestlohn

- Mittelstandsförderung

- Vergabefremde Aspekte

---

214 Hamburgisches Abfallwirtschaftsgesetz (HmbAbfG) v. 21.3.2005.
215 Hessisches Vergabe- und Tariftreuegesetz (HVTG) v. 19.12.2014.
216 § 1 Abs. 1 HVTG.
217 § 1 Abs. 5 S. 1 HVTG.
218 § 1 Abs. 6 S. 1 HVTG.

# I. Mecklenburg-Vorpommern

Das Vergabegesetz Mecklenburg-Vorpommern[219] ist anwendbar auf das Land, die Kommunen sowie die sonstigen Körperschaften, Anstalten und Stiftungen des öffentlichen Rechts, die der Aufsicht des Landes unterstehen[220]. Für Stadtwerke finden die Vorgaben daher regelmäßig **keine unmittelbare Anwendung.** Gleichwohl werden die Kommunen auf die Einhaltung der Vorgaben durch die kommunalen Betriebe hinwirken.

Der sachliche Anwendungsbereich beschränkt sich auf **Bauleistungen** ab einem Wert von **mehr als 50.000 €** sowie bei **Liefer- und Dienstleistungen** ab einem Auftragswert von **mehr als 10.000 €**[221].

Dies enthält im Wesentlichen Regelungen zu den folgenden Punkten:

– Anwendung der VOB/A und VOL/A sowie der allgemeinen Grundsätze des Vergaberechts

– Berücksichtigung mittelständischer Interessen

– Vergabe an geeignete Bieter

– Angemessenheit des Preises

– Wertung der Angebote

– Mindestarbeitsbedingungen

– ILO-Kernarbeitsnormen

# J. Niedersachsen

## I. Niedersächsisches Tariftreue- und Vergabegesetz (NTVergG)

Das Niedersächsische Tariftreue- und Vergabegesetz[222] findet auf **kommunale Stadtwerke** unabhängig davon **Anwendung,** ob diese als staatlicher bzw. funktionaler öffentlicher Auftraggeber oder als Sektorenauftraggeber tätig werden[223].

Der sachliche Anwendungsbereich ist auf Vergabeverfahren mit einem **Auftragswert ab 10.000 € beschränkt**[224].

---

219 Gesetz über die Vergabe öffentlicher Aufträge in Mecklenburg-Vorpommern (Vergabegesetz Mecklenburg-Vorpommern – VgG M-V) v. 7.7.2011.

220 § 1 Abs. 2 S. 1 VgG M-V.

221 § 1 Abs. 3 VgG M-V.

222 Niedersächsisches Gesetz zur Sicherung von Tariftreue und Wettbewerb bei der Vergabe öffentlicher Aufträge (Niedersächsisches Tariftreue- und Vergabegesetz – NTVergG) v. 31.10.2013.

223 § 2 Abs. 4 NTVergG.

224 § 2 Abs. 1 S. 1 NTVergG.

Von kommunalen Stadtwerken sind daher bei der Auftragsvergabe die folgenden Punkte zu beachten:

### 1) Tariftreue und Mindestlohn

Auftragnehmer sind verpflichtet, nach dem **AEntG allgemein verbindliche Tarifverträge einzuhalten.** Fällt der konkrete Auftrag in den Anwendungsbereich eines solchen Tarifvertrages, muss der Auftragnehmer seinen Mitarbeitern zwingend den darin enthaltenen Mindestlohn bezahlen und die übrigen Bestimmungen des Tarifvertrages einhalten[225].

**Besteht ein solcher Tarifvertrag nicht,** ist von dem Auftragnehmer der vergabespezifische **Mindestlohn i. H. v. 8,50 €** einzuhalten[226].

Die Bewerber haben dazu eine Erklärung abzugeben, mit der sie sich verpflichten, diese Anforderungen im Falle der Auftragserteilung einzuhalten. Beabsichtigt ein Bewerber, im Falle der Auftragserteilung Nachunternehmer einzusetzen, muss sich der Nachunternehmer gegenüber dem Auftragnehmer ebenfalls zur Einhaltung dieser Anforderungen verpflichten und dazu eine entsprechende Erklärung abgeben[227].

---

**PRAXISTIPP**

Der Auftragnehmer kann dazu einen Vordruck verwenden, der üblicherweise von dem Auftraggeber an die interessierten Unternehmen herausgegeben wird. Der Bewerber muss diesen Vordruck nur noch ausfüllen und unterzeichnen.

---

### 2) Mittelstandsförderung

Um den Grundsätzen der Mittelstandförderung Rechnung zu tragen, sollen die Leistungen **primär in Teillose aufgeteilt und/oder getrennt nach Art oder Fachgebiet eigenständig ausgeschrieben und vergeben werden.** Lose dürfen in einem Vergabeverfahren nur zusammengefasst werden, soweit wirtschaftliche oder technische Gründe es erfordern[228]. Es müssen ausreichende Angebotsfristen gewährt werden.

---

225 § 4 Abs. 1 NTVergG.
226 § 5 Abs. 1 NTVergG.
227 §§ 4 Abs. 1, 5 Abs. 1 NTVergG; § 13 Abs. 1 NTVergG.
228 § 9 Abs. 1 S. 2, 3 NTVergG.

### 3) Berücksichtigung vergabefremder Aspekte

**Soziale und umweltbezogene Kriterien:** Auftraggeber dürfen soziale und umweltbezogene Anforderungen an die Auftragnehmer stellen. Umweltbezogene Anforderungen müssen in einem sachlichen Zusammenhang mit dem Auftragsgegenstand stehen. Soziale Kriterien dürfen nur für die Auftragsausführung und nur an Unternehmen mit mehr als 20 Mitarbeitern gestellt werden.

**ILO-Kernarbeitsnormen:** Es sollen keine Waren beschafft werden, die unter Missachtung der Mindestanforderungen aus den ILO-Kernarbeitsnormen gewonnen oder hergestellt wurden[229].

## II.  Niedersächsische Wertgrenzenverordnung (NWertVO)

Die Niedersächsische Wertgrenzenverordnung[230] enthält ergänzende Vorgaben zur **Wahl der Verfahrensart im Bereich unterhalb der Schwellenwerte.** Welche Verfahrensart zulässig ist, bemisst sich hauptsächlich danach, ob bestimmte Wertgrenzen eingehalten werden.

Abweichend hiervon können die kommunalen Stadtwerke, wenn sie als **Sektorenauftraggeber** tätig werden, **frei** zwischen öffentlicher Ausschreibung, beschränkter Ausschreibung und freihändiger Vergabe **wählen**[231].

Im Übrigen sind die folgenden Wertgrenzen zu berücksichtigen:

|  | Bauleistungen | Liefer- und Dienstleistungen |
|---|---|---|
| **Beschränkte Ausschreibung** | bis € 50.000 für Ausbaugewerke<br>bis € 150.000 für Tief-, Verkehrswege und Ingenieurbau<br>bis € 100.000 für alle übrigen Gewerke | bis € 50.000 |
| **Freihändige Vergabe** | bis € 25.000 | bis € 25.000 |

**Abbildung 11:** Wertgrenzen nach §§ 3, 4 NWertVO

---

229 § 12 Abs. 1 NTVergG.

230 Verordnung über Auftragswertgrenzen zum Niedersächsischen Tariftreue- und Vergabegesetz (Niedersächsische Wertgrenzenverordnung – NWertVO) v. 19.2.2014.

231 § 5 NWertVO.

### III. Abwehr von Einflüssen der Scientology-Organisation

Auftraggeber sollen bei der Vergabe öffentlicher Aufträge über Beratungs- und Schulleistungen eine „Schutzklausel" zur Abwehr von Einflüssen der Scientology-Organisation als besondere Vertragsbedingung aufnehmen.[232]

## K. Nordrhein-Westfalen

### I. Tariftreue- und Vergabegesetz Nordrhein-Westfalen (TVgG-NRW)

#### 1) Anwendungsbereich

Vom Anwendungsbereich des Tariftreue- und Vergabegesetzes Nordrhein-Westfalen (TVgG-NRW)[233] sind sämtliche Auftraggeber i. S. d. § 98 GWB erfasst[234]. **Die Stadtwerke haben die** darin enthaltenen **Vorgaben** zur Vergabe von öffentlichen Aufträgen daher unabhängig davon **anzuwenden,** ob sie als klassischer oder funktionaler öffentlicher Auftraggeber oder als Sektorenauftraggeber tätig werden.

Im Wesentlichen ergeben sich aus dem TVgG die folgenden Anforderungen:

#### 2) Verfahrensanforderungen

Bei der Vergabe von öffentlichen Aufträgen sind auch **unterhalb der Schwellenwerte** die Grundsätze des Vergaberechts, nämlich das **Transparenz- und Gleichbehandlungsgebot,** einzuhalten[235]:

- Teilnehmer am Vergabeverfahren sind gleich zu behandeln, sofern eine Benachteiligung nicht gesetzlich vorgesehen ist.

- Vergabeverfahren sind transparent zu gestalten. Dabei ist die Bekanntmachung des Auftrags von zentraler Bedeutung. Erfolgt keine öffentliche Aufforderung zur Abgabe von Angeboten oder zur Teilnahme, ist die Beschaffungsabsicht zuvor in geeigneter Weise bekannt zu machen. Zudem ist nach dem erteilten Zuschlag die Auftragsvergabe bekannt zu machen.

---

232 Runderlass d. MW v. 11.4.2014 – 16-32570/3119.

233 Gesetz über die Sicherung von Tariftreue und Sozialstandards sowie fairen Wettbewerb bei der Vergabe öffentlicher Aufträge (Tariftreue- und Vergabegesetz Nordrhein-Westfalen – TVgG – NRW) v. 10.1.2012.

234 § 2 Abs. 4 TVgG-NRW.

235 § 3 Abs. 2, 3 TVgG-NRW.

### 3) Tariftreue und Mindestlohn

Auftragnehmer sind verpflichtet, nach dem **AEntG verbindliche Tarifverträge einzuhalten.** Fällt der konkrete Auftrag daher in den Anwendungsbereich eines solchen Tarifvertrages, muss der Auftragnehmer seinen Mitarbeitern zwingend den darin enthaltenen Mindestlohn bezahlen und die übrigen Bestimmungen des Tarifvertrages einhalten[236].

**Besteht ein solcher Tarifvertrag nicht,** ist von dem Auftragnehmer der vergabespezifische **Mindestlohn i. H. v. 8,85 €** einzuhalten[237].

Die Bewerber haben dazu eine Erklärung abzugeben, mit der sie sich verpflichten, diese Anforderungen im Falle der Auftragserteilung einzuhalten. Beabsichtigt ein Bewerber, im Falle der Auftragserteilung Nachunternehmer oder Leiharbeitnehmer einzusetzen, muss sich der Nachunternehmer bzw. der Verleiher gegenüber dem Auftragnehmer ebenfalls zur Einhaltung dieser Anforderungen verpflichten und dazu eine entsprechende Erklärung abgeben, die alle drei Jahre zu erneuern ist[238].

---

**PRAXISTIPP**

Der Auftragnehmer kann dazu einen Vordruck verwenden, der üblicherweise von dem Auftraggeber an die interessierten Unternehmen herausgegeben wird. Der Bewerber muss diesen Vordruck nur noch ausfüllen und unterzeichnen[239].

---

### 4) Mittelstandsförderung

Das TVgG fördert die stärkere Beteiligung von kleinen und mittleren Unternehmen an Vergabeverfahren. Für die öffentlichen Auftraggeber bestehen daher die folgenden Vorgaben[240]:

– Öffentliche Aufträge sind daher grundsätzlich in **Fach- und Teillose** aufgeteilt zu vergeben.

– Bei **beschränkten Ausschreibungen und freihändigen Vergaben** sind auch **kleine und mittlere Unternehmen** zur Angebotsabgabe aufzufordern.

---

236 § 4 Abs. 1 S. 1 TVgG-NRW.

237 § 4 Abs. 3 S. 1, 3, § 21 Abs. 1 Nr. 2 TVgG-NRW, § 1 VgMinVO.

238 §§ 9 Abs. 1, 3 Nr. 2 TVgG-NRW.

239 Abrufbar unter: https://www.vergabe.nrw.de/faq/tariftreue-und-vergabegesetz-nrw#Tarif treue.

240 § 3 Abs. 6–8 TVgG-NRW.

– Ausschreibungen sind zusätzlich auf der **zentralen Vergabeplattform** des Landes Nordrhein-Westfalen (www.vergabe.nrw.de) **zu veröffentlichen.**

**5) Vergabefremde Aspekte**

Das TVgG bezweckt die Förderung von **sozialen, ökologischen und wirtschaftlichen Zielen.** Die dazu enthaltenen Vorgaben werden in der Rechtsverordnung zum Tariftreue- und Vergabegesetz (RVO TVgG-NRW)[241] konkretisiert. Im Wesentlichen sind die folgenden Punkte zu beachten:

Auftraggeber dürfen zusätzliche soziale, umweltbezogene oder innovationsbezogene Anforderungen an die Auftragnehmer stellen. Diese müssen aber mit dem Auftragsgegenstand in einem sachlichen Zusammenhang stehen.

Bei der Auftragsvergabe sind Kriterien des Umweltschutzes und der Energieeffizienz zu berücksichtigen. Dies betrifft das gesamte Vergabeverfahren[242]:

– Im Rahmen der **Bedarfsanalyse** sollen bereits umweltfreundliche und energieeffiziente Systemlösungen geprüft werden.

– Bei der **Leistungsbeschreibung** sollen Anforderungen zum Umweltschutz und der Energieeffizienz genannt werden.

– Die gesamten Lebenszykluskosten sollen berücksichtigt werden.

Bei der Auftragsausführung dürfen keine Waren verwendet werden, die unter Missachtung der in den **ILO-Kernarbeitsnormen** festgelegten Mindeststandards gewonnen oder hergestellt worden sind[243].

Öffentliche Aufträge sollen nur an Unternehmen vergeben werden, die sich zur **Frauenförderung und der Förderung der Vereinbarkeit von Beruf und Familie** verpflichten sowie das **Gleichbehandlungsrecht** beachten[244].

## II. Korruptionsbekämpfungsgesetz

Ferner sind die Vorgaben des Korruptionsbekämpfungsgesetzes einzuhalten. Dieses findet zum einen dann Anwendung, wenn das **Stadtwerk als Eigenbetrieb** organisiert ist[245] oder wenn es sich um eine **juristische Person des**

---

241 Verordnung zur Regelung von Verfahrensanforderungen in den Bereichen umweltfreundliche und energieeffiziente Beschaffung, Berücksichtigung sozialer Kriterien und Frauenförderung sowie Förderung der Vereinbarkeit von Beruf und Familie bei der Anwendung des Tariftreue- und Vergabegesetzes Nordrhein-Westfalen (Verordnung Tariftreue- und Vergabegesetz Nordrhein-Westfalen – RVO TVgG – NRW) v. 14.5.2013.

242 § 17 Abs. 1 – Abs. 4.

243 § 18 Abs. 1 TVgG-NRW.

244 § 19 Abs. 1 S. 1 TVgG-NRW.

245 § 1 Abs. 1 Nr. 1, Abs. 2 Nr. 1 KorruptionsbG i. V. m. §§ 97 Abs. 1 Nr. 3, 114 GO NRW.

**Privatrechts** handelt, die überwiegend staatlich beherrscht wird durch Anteilsinhaberschaft, Stimmberechtigungen oder finanzielle Zuwendungen[246]. Dabei dürften Stadtwerke regelmäßig einer der beiden Kategorien zugeordnet werden, so dass die Vorgaben einzuhalten sind.

Im Einzelnen bedeutet dies Folgendes[247]:

- Sobald in Bezug auf einen Bieter **ein Vergabeausschluss** ausgesprochen wird oder die in das Vergaberegister einzutragenden Verfehlungen bekannt werden, so müssen diese **Daten dem Vergaberegister** gemeldet werden.

- Bei Vergabeverfahren von **Liefer- und Dienstleistungen** mit einem Auftragswert über **25.000 €** oder von **Bauleistungen** mit einem Auftragswert über **50.000 €** soll vor der Zuschlagserteilung eine **Anfrage an die Informationsstelle** gerichtet werden, **ob Eintragungen hinsichtlich des Bewerbers, der den Zuschlag erhalten soll, vorliegen.** Bei Vergabeverfahren ab Erreichen der Schwellenwerte soll die Anfrage bereits vor Absendung der Vorabinformation erfolgen.

### III. Berücksichtigung von Werkstätten für behinderte Menschen und Blindenwerkstätten bei der Vergabe öffentlicher Aufträge

Werden die Stadtwerke in der Rolle des klassischen Auftraggebers tätig, so sind sie verpflichtet, die Werkstätten für behinderte Menschen und Blindenwerkstätten als bevorzugte Bieter zu berücksichtigen.

### IV. Abwehr von Einflüssen der Scientology-Organisation

Werden die Stadtwerke in der Rolle des klassischen Auftraggebers tätig, so ist von den Bewerbern oder Bietern eine **Verpflichtungserklärung** zu unterschreiben, die auf die Abwehr von Einflüssen der Scientology-Organisation gerichtet ist[248].

Die vorsätzliche unzutreffende Abgabe der Verpflichtungserklärung sowie Verweigerung der Unterzeichnung soll zwingend zum Ausschluss von der Teilnahme am Wettbewerb führen.

---

246 § 1 Abs. 1 Nr. 5 KorruptionsbG.

247 Vgl. dazu §§ 6, 8 KorruptionsbG.

248 Runderlass. d. Ministeriums für Wirtschaft, Energie, Bauen, Wohnen und Verkehr und des Ministeriums für Inneres und Kommunales v. 18.10.2011.

# L. Rheinland-Pfalz

## I. Landestariftreuegesetz Rheinland-Pfalz (LTTG)[249]

### 1) Tariftreue und Mindestlohn

Auftragnehmer sind verpflichtet, nach dem **AEntG allgemein verbindliche Tarif-verträge einzuhalten.** Fällt der konkrete Auftrag daher in den Anwendungsbe-reich eines solchen Tarifvertrages, muss der Auftragnehmer seinen Mitarbei-tern zwingend den darin enthaltenen Mindestlohn bezahlen und die übrigen Bestimmungen des Tarifvertrages einhalten[250].

**Besteht ein solcher Tarifvertrag nicht,** ist von dem Auftragnehmer der vergabe-spezifische **Mindestlohn i. H. v. 8,90 €** einzuhalten[251].

Die Bewerber haben dazu eine Erklärung abzugeben, mit der sie sich verpflich-ten, diese Anforderungen im Falle der Auftragserteilung einzuhalten. Beabsich-tigt ein Bewerber, im Falle der Auftragserteilung Nachunternehmer einzuset-zen, muss sich der Nachunternehmer gegenüber dem Auftragnehmer ebenfalls zur Einhaltung dieser Anforderungen verpflichten und dazu eine entsprechende Erklärung abgeben[252].

---

**PRAXISTIPP**

Der Auftragnehmer kann dazu einen Vordruck verwenden, der üblicherweise von dem Auftraggeber an die interessierten Unternehmen herausgegeben wird. Der Bewerber muss diesen Vordruck nur noch ausfüllen und unter-zeichnen.

---

### 2) Umweltschutz und soziale Aspekte

**Berücksichtigung vergabefremder Aspekte:** Auftraggeber dürfen zusätzliche, insbesondere **soziale, umweltbezogene oder innovationsbezogene** Anforderun-gen an die Auftragnehmer stellen. Diese müssen aber mit dem Auftragsgegen-stand in einem sachlichen Zusammenhang stehen[253].

---

249 Landesgesetz zur Gewährleistung von Tariftreue und Mindestentgelt bei öffentlichen Auf-tragsvergaben (Landestariftreuegesetz – LTTG –) v. 01.12.2010.

250 § 4 Abs. 1 LTTG.

251 § 3 Abs. 1 S. 1, Abs. 2 LTTG, § 1 Landesverordnung zur Festsetzung des Mindestentgelts.

252 §§ 4 Abs. 1, 3 Abs. 1 S. 1; 5 Abs. 2 LTTG.

253 § 1 Abs. 3 LTTG.

## II. Mittelstandsförderungsgesetz

**Mittelbar über den Einfluss der öffentlich-rechtlichen Anteilseigner** sind die Vorgaben aus dem Mittelstandsförderungsgesetz[254] (MFG) **zu beachten.** Die öffentliche Auftragsvergabe soll so gestaltet werden, dass strukturelle Wettbewerbsnachteile der mittelständischen Wirtschaft ausgeglichen werden. Bei der Auftragsvergabe sind daher die folgenden Punkte zu beachten[255]:

– Die Aufträge sollen nach **Fach- und Teillosen aufgeteilt werden,** soweit es wirtschaftlich und technisch möglich ist.

– Die Auftragsvergabe **an Generalunternehmen soll besonders begründet werden.** Wird ein Generalunternehmen beauftragt, ist dieses zu verpflichten, in angemessenem Umfang Unteraufträge an Unternehmen der mittelständischen Wirtschaft zu vergeben.

– **Bietergemeinschaften** sind **wie Einzelbieter** zu behandeln.

# M. Vergaberecht des Landes Saarland

## I. Saarländisches Tariftreuegesetz (STTG)

Das Saarländische Tariftreuegesetz[256] findet auf sämtliche Auftraggeber i. S. d. § 98 GWB Anwendung. Die Vorgaben des Gesetzes sind daher von **kommunalen Stadtwerken** unabhängig davon **zu beachten,** ob diese als klassischer oder funktionaler öffentlicher Auftraggeber oder als Sektorenauftraggeber tätig werden.

Für kommunale Stadtwerke bestehen daher bei Vergabeverfahren mit einem **Auftragswert ab 25.000 €** die folgenden Anforderungen hinsichtlich der Tariftreue und des Mindestlohns:

Auftragnehmer sind verpflichtet, nach dem **AEntG verbindliche Tarifverträge einzuhalten.** Fällt der konkrete Auftrag daher in den Anwendungsbereich eines solchen Tarifvertrages, muss der Auftragnehmer seinen Mitarbeitern zwingend den darin enthaltenen Mindestlohn bezahlen und die übrigen Bestimmungen des Tarifvertrages einhalten[257].

---

254 Mittelstandsförderungsgesetz v. 9.3.2011.

255 § 7 Abs. 1 – Abs. 3 MFG.

256 Gesetz über die Sicherung von Sozialstandards, Tariftreue und Mindestlöhnen bei der Vergabe öffentlicher Aufträge im Saarland (Saarländisches Tariftreuegesetz – STTG) v. 6.2.2013.

257 § 3 Abs. 1 STTG.

**Besteht ein solcher Tarifvertrag nicht,** ist von dem Auftragnehmer ab dem 1. Januar 2016 der vergabespezifische **Mindestlohn i. H. v. 8,74 €** einzuhalten[258]. Die Bewerber haben dazu eine Erklärung abzugeben, mit der sie sich verpflichten, diese Anforderungen im Falle der Auftragserteilung einzuhalten. Beabsichtigt ein Bewerber, im Falle der Auftragserteilung Nachunternehmer oder Leiharbeitnehmer einzusetzen, muss sich der Nachunternehmer bzw. der Verleiher gegenüber dem Auftragnehmer ebenfalls zur Einhaltung dieser Anforderungen verpflichten und dazu eine entsprechende Erklärung abgeben[259].

---

**PRAXISTIPP**

Der Auftragnehmer kann dazu einen Vordruck verwenden, der üblicherweise von dem Auftraggeber an die interessierten Unternehmen herausgegeben wird. Der Bewerber muss diesen Vordruck nur noch ausfüllen und unterzeichnen.

---

## II. Mittelstandsförderungsgesetz

**Mittelbar über den Einfluss der öffentlich-rechtlichen Anteilseigner** ist der Zweck des Mittelstandsförderungsgesetzes[260] zu beachten[261]: Durch die Auftragsvergabe sollen kleine und mittelständische Unternehmen gestärkt werden. Die kommunalen Stadtwerke müssen daher Aufträge grundsätzlich mittelstandsfreundlich vergeben[262]:

- Aufträge sollen **gestreut** und – soweit es die technischen und wirtschaftlichen Voraussetzungen zulassen – in **Fach- und Teillose** unterteilt werden. Dadurch soll erreicht werden, dass sich auch kleinere Unternehmen an den Vergabeverfahren beteiligen können.

- Im Falle der Beauftragung von **Nachunternehmen** müssen diese **verpflichtet werden, bevorzugt kleine und mittlere Unternehmen zu beteiligen.** Bei der Weitergabe von Bau- und Lieferleistungen sind die VOB/B bzw. die VOL/B zum Vertragsbestandteil zu machen.

---

258 § 3 Abs. 4 S. 1, Abs. 5 STTG, § 1 VO zur Anpassung des Mindestlohns.

259 §§ 3 Abs. 1, Abs. 4; 4 Abs. 1 STTG.

260 Gesetz zur Förderung der kleinen und mittleren Unternehmen sowie der freien Berufe in der Wirtschaft (Mittelstandsförderungsgesetz – MFG) vom 21. Juli 1976.

261 § 2 Abs. 2 MFG.

262 § 17 Abs. 1 – Abs. 3 MFG.

## III. Landesgleichstellungsgesetz Saarland

Das Landesgleichstellungsgesetz Saarland[263] findet ebenfalls **mittelbar Anwendung**[264]. Von kommunalen Stadtwerken müssen im Wesentlichen die folgenden Punkte beachtet werden:

- Auftragnehmer müssen sich verpflichten, bei der Auftragsausführung die **Grundzüge des Landesgleichstellungsgesetzes** zu beachten.

- Der Zuschlag zwischen zwei wirtschaftlich gleichwertigen Angeboten kann danach erfolgen, welcher Anbieter eine **relativ größere Anzahl von Frauen beschäftigt** oder bereits konkrete **Maßnahmen zur Frauenförderung** ergriffen hat.

# N. Sachsen

## I. Anwendungsbereich

Das Sächsische Vergabegesetz[265] findet **unmittelbar** u. a. auf kommunale Auftraggeber Anwendung, wobei sowohl **Zweckverbände als auch Eigenbetriebe** hierzu gehören[266]. **Mittelbar ist es** aber auch – aufgrund des Einflusses der beherrschenden öffentlich-rechtlichen Anteilseigner – **auf juristische Personen des Privatrechts anwendbar**[267]. Daher dürften Stadtwerke regelmäßig an die Vorgaben gebunden sein.

Das Sächsische Vergabegesetz enthält zusätzliche Anforderungen zum Vergabeverfahren und in Bezug auf die Einschaltung von Nachunternehmern[268]:

- Eine **Freihändige Vergabe** ist bei einem Auftragswert **bis zu 25.000 €** zulässig.

- **Sicherheitsleistungen** für Vertragserfüllung und für Mängelansprüche bei Aufträgen über Bauleistungen dürfen **erst ab einer Auftragssumme von 250.000 €** verlangt werden.

- Die Angebotswertung soll anhand eines **vorgegebenen Prüfschemas zur Wertung von Angeboten** durchgeführt werden, welches in der Gesetzesanlage zu finden ist.

---

263 Landesgleichstellungsgesetz – LGG vom 24. April 1996.

264 Vgl. § 2 a LGG.

265 Gesetz über die Vergabe öffentlicher Aufträge im Freistaat Sachsen (Sächsisches Vergabegesetz – SächsVergabeG) v. 14.2.2013.

266 § 2 Abs. 1, Abs. 2 SächsVergabeG i. V. m §§ 95 a Abs. 1, Abs. 4, 91 Abs. 1 Nr. 1 Sächsische Gemeindeordnung.

267 Vgl. § 2 Abs. 1, 3, 4 SächsVergabeG.

268 §§ 4–8 SächsVergabeG.

- Bei Vergabeverfahren mit Auftragswerten von **über 75.000 € bei Bauleistungen** und **über 50.000 € bei Liefer- und Dienstleistungen** ist der Auftraggeber verpflichtet, die Bieter, deren Angebote nicht berücksichtigt werden sollen, über den **Namen des Bieters**, dessen Angebot berücksichtigt werden soll, und über die **Gründe der Nichtberücksichtigung zu informieren.**

- Die **Weitergabe der Leistungen an Nachunternehmer** ist grundsätzlich nur bis zu einer **Höhe von 50 % des Auftragswertes** zulässig. Daher soll seitens der Bieter bei der Angebotsabgabe ein Verzeichnis der durch Nachunternehmer zu erbringenden Leistungen vorgelegt werden.

- Im Falle der Weitergabe von Leistungen an **Nachunternehmer,** sollen **bevorzugt Unternehmen der mittelständischen Wirtschaft** beteiligt werden.

- Bei der **Weitergabe von Aufträgen** soll die **VOB/B** bzw. die **VOL/B** zum **Vertragsbestandteil** gemacht werden.

# O. Sachsen-Anhalt

## I. Landesvergabegesetz Sachsen-Anhalt

Das Landesvergabegesetz Sachsen-Anhalt[269] gilt nur für staatliche und funktionale öffentliche Auftraggeber i. S. v. § 98 Nr. 1 und 2 GWB (§ 2 LVG LSA). Es ist **daher nicht auf kommunale Stadtwerke anwendbar, die allein Sektorenauftraggeber** i. S. v. § 98 Nr. 4 GWB sind.

Bei der Vergabe von **Dienst- und Lieferleistungen** mit einem Auftragswert **ab 25.000 €** sowie bei der Vergabe von **Bauleistungen** mit einem Auftragswert **ab 50.000 €** müssen die folgenden Vorgaben beachten werden:

### 1) Tariftreue und Mindestlohn

Auftragnehmer sind verpflichtet, nach dem **AEntG verbindliche Tarifverträge einzuhalten.** Fällt der konkrete Auftrag daher in den Anwendungsbereich eines solchen Tarifvertrages, muss der Auftragnehmer seinen Mitarbeitern zwingend den darin enthaltenen Mindestlohn bezahlen und die übrigen Bestimmungen des Tarifvertrages einhalten[270].

Die Bewerber haben dazu eine Erklärung abzugeben, mit der sie sich verpflichten, diese Anforderungen im Falle der Auftragserteilung einzuhalten. Beabsichtigt ein Bewerber, im Falle der Auftragserteilung Nachunternehmer einzuset-

---

269 Gesetz über die Vergabe öffentlicher Aufträge in Sachsen-Anhalt (Landesvergabegesetz – LVG LSA) v. 19.11.2012.
270 § 10 Abs. 1 S. 1 LVG LSA.

zen, muss sich der Nachunternehmer gegenüber dem Auftragnehmer ebenfalls zur Einhaltung dieser Anforderungen verpflichten und dazu eine entsprechende Erklärung abgeben[271].

---

**PRAXISTIPP**

Der Auftragnehmer kann dazu einen Vordruck verwenden, der üblicherweise von dem Auftraggeber an die interessierten Unternehmen herausgegeben wird. Der Bewerber muss diesen Vordruck nur noch ausfüllen und unterzeichnen.

---

### 2) Mittelstandsförderung

Das LVG fördert die stärkere Beteiligung von kleinen und mittleren Unternehmen an Vergabeverfahren. Für die öffentlichen Auftraggeber bestehen daher die folgenden Vorgaben[272]:

- Öffentliche Aufträge sind grundsätzlich in **Fach- und Teillose aufgeteilt** zu vergeben.
- Bei **beschränkten Ausschreibungen und freihändigen Vergaben** sind auch **kleine und mittlere Unternehmen** zur Angebotsabgabe aufzufordern.
- Ausschreibungen sind zusätzlich auf der **zentralen Veröffentlichungs- und Vergabeplattform** des Landes Sachsen-Anhalt **zu veröffentlichen.**

### 3) Vergabefremde Aspekte

Das LVG bezweckt die Förderung von **sozialen, ökologischen und wirtschaftlichen Zielen.** Auftraggeber dürfen daher an Auftragnehmer mit **mindestens 25 Angestellten** zusätzliche soziale und umweltbezogene Anforderungen stellen[273].

Bei der Auftragsausführung sollen keine Waren verwendet werden, die unter Missachtung der in den **ILO-Kernarbeitsnormen** festgelegten Mindeststandards gewonnen oder hergestellt worden sind[274].

---

271 § 13 Abs. 2 LVG LSA.
272 § 3 Abs. 1 – Abs. 3 LVG LSA.
273 § 4 Abs. 1 S. 2 LVG LSA.
274 § 12 Abs. 1 LVG LSA.

## II. Verordnung über Auftragswerte[275]

Bei Vergabeverfahren im Bereich **unterhalb der Schwellenwerte** gelten die folgenden Wertgrenzen[276]:

- **Beschränkte Ausschreibungen** mit oder ohne Teilnahmewettbewerb sind **bis zu** einem Auftragswert von **50.000 €** möglich.
- **Freihändige Vergaben** sind bei Auftragswerten bis zu **25.000 €** zulässig.

# P. Schleswig-Holstein

## I. Landesvergabegesetz

### 1) Anwendungsbereich

Das Tariftreue- und Vergabegesetz Schleswig-Holstein (TTG)[277] findet auf sämtliche Auftraggeber i. S. d. § 98 GWB Anwendung[278]. **Die Stadtwerke haben die darin enthaltenen Vorgaben also stets einzuhalten.**

Für die Stadtwerke ergeben sich daraus bei der Vergabe von Aufträgen im Wesentlichen die folgenden Anforderungen:

### 2) Tariftreue und Mindestlohn

Auftragnehmer sind verpflichtet, nach **dem AEntG verbindliche Tarifverträge einzuhalten.** Fällt der konkrete Auftrag daher in den Anwendungsbereich eines solchen Tarifvertrages, muss der Auftragnehmer seinen Mitarbeitern zwingend den darin enthaltenen Mindestlohn bezahlen und die übrigen Bestimmungen des Tarifvertrages einhalten[279].

**Besteht ein solcher Tarifvertrag nicht,** ist von dem Auftragnehmer der vergabespezifische **Mindestlohn i. H. v. 9,18 €** einzuhalten[280].

Die Bewerber haben dazu eine Erklärung abzugeben, mit der sie sich verpflichten, diese Anforderungen im Falle der Auftragserteilung einzuhalten. Beabsich-

---

275 Verordnung über Auftragswerte für die Durchführung von Beschränkten Ausschreibungen und Freihändigen Vergaben nach der Vergabe- und Vertragsordnung für Leistungen – Teil A v. 16.12.2013.

276 §§ 1, 2 Verordnung über Auftragswerte.

277 Gesetz über die Sicherung von Tariftreue und Sozialstandards sowie fairen Wettbewerb bei der Vergabe öffentlicher Aufträge (Tariftreue- und Vergabegesetz Schleswig-Holstein – TTG) v. 31.5.2013.

278 § 2 Abs. 1 TTG.

279 § 4 Abs. 1 S. 1 TTG.

280 § 4 Abs. 3 S. 1 TTG.

tigt ein Bewerber, im Falle der Auftragserteilung Nachunternehmer einzusetzen, muss sich der Nachunternehmer gegenüber dem Auftragnehmer ebenfalls zur Einhaltung dieser Anforderungen verpflichten und dazu eine entsprechende Erklärung abgeben. Diese Erklärung ist alle drei Jahre zu erneuern[281].

---

**PRAXISTIPP**

Der Auftragnehmer kann dazu einen Vordruck verwenden, der üblicherweise von dem Auftraggeber an die interessierten Unternehmen herausgegeben wird. Der Bewerber muss diesen Vordruck nur noch ausfüllen und unterzeichnen[282].

---

### 3) Mittelstandsförderung

Das TTG fördert die stärkere Beteiligung von kleinen und mittleren Unternehmen an Vergabeverfahren. Öffentliche Aufträge sind daher grundsätzlich **in Fach- und Teillose** aufgeteilt zu vergeben. Bei **beschränkten Ausschreibungen und freihändigen Vergaben** sind zudem auch **kleine und mittlere Unternehmen** zur Angebotsabgabe aufzufordern[283].

## II.  Schleswig-Holsteinische Vergabeverordnung (SHVgVO)

Die Schleswig-Holsteinische Vergabeverordnung[284] enthält für öffentliche Auftraggeber i. S. v. § 98 Nr. 1 bis 3 und für Sektorenauftraggeber unterschiedliche Anforderungen.

### 1) Tätigkeit als Sektorenauftraggeber

Aufgrund der Schleswig-Holsteinischen Vergabeverordnung ist von Sektorenauftraggebern bei **unterschwelligen Vergabeverfahren die Sektorenverordnung** – abgesehen von den geltenden Fristen – **entsprechend anzuwenden**[285].

Liegt der geschätzte Auftragswert bei **Liefer- und Dienstleistungen unter 50.000 €** bzw. bei **Bauleistungen unterhalb von 200.000 €,** ist es zulässig, **ein Verhandlungsverfahren ohne Bekanntmachung** durchzuführen[286].

---

281 §§ 4 Abs. 1 S. 1, Abs. 3 S. 1; 9 Abs. 1, Abs. 3 Nr. 2 TTG.

282 https://www.schleswig-holstein.de/DE/Fachinhalte/T/tarifrecht/tariftreue.html

283 § 3 Abs. 7, Abs. 8 TTG.

284 Landesverordnung über die Vergabe öffentlicher Aufträge (Schleswig-Holsteinische Vergabeverordnung – SHVgVO) v. 13.11.2013.

285 § 4 Abs. 1 SHVgVO.

286 § 4 Abs. 2 S. 5 SHVgVO.

## 2) Tätigkeit als klassischer Auftraggeber

Für staatliche und funktionale öffentliche Auftraggeber bestehen die folgenden Anforderungen:

- Bei Vergabe von **Bauleistungen** soll ab Erreichen der folgenden Werte nach Zuschlagserteilung eine **Information über die Vergabe veröffentlicht werden**[287]:

  - bei beschränkten Ausschreibungen ab 150.000 €
  - bei freihändigen Vergaben ab 50.000 €

- Bei der Vergabe von Liefer- und Dienstleistungen ist ab einem Auftragswert von **25.000 €** eine Veröffentlichung auf der Internetplattform vorzunehmen[288].

- Bei der **Vergabe von Bau-, Liefer- oder Dienstleistungen sollen ab einem geschätzten Auftragswert von 15.000 €** keine Waren Gegenstand der Leistung sein, die unter Missachtung der in den **ILO-Kernarbeitsnormen** festgelegten Mindeststandards gewonnen oder hergestellt worden sind[289].

# Q. Thüringen

## I. Thüringer Vergabegesetz (ThürVgG)

Das Thüringer Vergabegesetz[290] gilt nur für staatliche und funktionale öffentliche Auftraggeber i. S. v. § 98 Nr. 1 und 2 GWB[291]. **Es ist daher nicht auf kommunale Stadtwerke anwendbar, die allein Sektorenauftraggeber i. S. v. § 98 Nr. 4 GWB sind.**

Bei der Vergabe von **Dienst- und Lieferleistungen** mit einem Auftragswert von **mehr als 20.000 €** sowie bei der Vergabe von **Bauleistungen** mit einem Auftragswert von **mehr als 50.000 €** sind die folgenden Vorgaben zu beachten:

## 1) Tariftreue und Mindestlohn

Auftragnehmer sind verpflichtet, nach dem **AEntG verbindliche Tarifverträge einzuhalten.** Fällt der konkrete Auftrag daher in den Anwendungsbereich eines solchen Tarifvertrages, muss der Auftragnehmer seinen Mitarbeitern zwingend

---

287 § 9 Abs. 2 SHVgVO.
288 § 9 Abs. 3 SHVgVO.
289 § 6 Abs. 1 S. 1 SHVgVO.
290 Thüringer Gesetz über die Vergabe öffentlicher Aufträge (Thüringer Vergabegesetz – ThürVgG –) v. 18.4.2011.
291 § 2 ThürVgG.

den darin enthaltenen Mindestlohn bezahlen und die übrigen Bestimmungen des Tarifvertrages einhalten[292].

Die Bewerber haben dazu eine Erklärung abzugeben, mit der sie sich verpflichten, diese Anforderungen im Falle der Auftragserteilung einzuhalten. Beabsichtigt ein Bewerber, im Falle der Auftragserteilung Nachunternehmer einzusetzen, muss sich der Nachunternehmer gegenüber dem Auftragnehmer ebenfalls zur Einhaltung dieser Anforderungen verpflichten und dazu eine entsprechende Erklärung abgeben. Diese Erklärung ist alle drei Jahre zu erneuern[293].

---

**PRAXISTIPP**

Der Auftragnehmer kann dazu einen Vordruck verwenden, der üblicherweise von dem Auftraggeber an die interessierten Unternehmen herausgegeben wird. Der Bewerber muss diesen Vordruck nur noch ausfüllen und unterzeichnen[294].

---

## 2) Mittelstandsförderung

Das ThürVgG fördert die stärkere Beteiligung von kleinen und mittleren Unternehmen an Vergabeverfahren. Für die öffentlichen Auftraggeber bestehen daher die folgenden Vorgaben[295]:

- Öffentliche Aufträge sind grundsätzlich in **Fach- und Teillose** aufgeteilt zu vergeben.

- Bei **beschränkten Ausschreibungen und freihändigen Vergaben** sind auch **kleine und mittlere Unternehmen** zur Angebotsabgabe aufzufordern.

- Ausschreibungen sind von Auftraggebern, mit Ausnahme der Auftraggeber, die als juristische Person des Privatrechts organisiert sind, zusätzlich auf der **zentralen Landesvergabeplattform zu veröffentlichen.**

## 3) Vergabefremde Aspekte

Das ThürVgG bezweckt die Förderung von **sozialen, ökologischen und wirtschaftlichen Zielen.** Auftraggeber dürfen daher an Auftragnehmer zusätzliche soziale und umweltbezogene Anforderungen stellen[296].

---

292 § 10 Abs. 1 S. 1 ThürVgG.
293 §§ 10 Abs. 1 S. 1; 12 Abs. 2 ThürVgG.
294 Abrufbar unter: http://portal.thueringen.de/portal/page/portal/Serviceportal/Formularservice.
295 § 3 Abs. 1 und 2 ThürVgG.
296 Vgl. §§ 4, 5 ThürVgG.

Bei der Auftragsausführung sollen keine Waren verwendet werden, die unter Missachtung der in den **ILO-Kernarbeitsnormen** festgelegten Mindeststandards gewonnen oder hergestellt worden sind[297].

## II. Thüringer Verwaltungsvorschrift zur Vergabe öffentlicher Aufträge[298]

Für die Vergabe von Aufträgen gelten die folgenden Wertgrenzen:

| | Bauleistungen | Liefer- und Dienstleistungen |
|---|---|---|
| Beschränkte Ausschreibung | bis € 150.000 | bis € 50.000 |
| Freihändige Vergabe | bis € 25.000 | bis € 25.000 |

**Abbildung 12:** Wertgrenzen gem. 1.2.2 Abs. 1; 1.2.2.2 Abs. 1 Thüringer Verwaltungsvorschrift

**Abweichend davon** dürfen Liefer- und Dienstleistungsaufträge mit einem Auftragswert bis **500 € direkt** vergeben werden (1.2.2.3 Abs. 2 Thüringer Verwaltungsvorschrift).

---

297 § 11 Abs. 1 ThürVgG.
298 Thüringer Verwaltungsvorschrift zur Vergabe öffentlicher Aufträge v. 16.9.2014.

# Teil 7 Elektronische Auftragsvergabe – e-Vergabe (Jung)

## A. Ziel und Umsetzungszeitplan der e-Vergabe

Eine der wesentlichen Änderungen im GWB seit der Vergaberechtsreform vom 18.04.2016 ist der **Grundsatz der elektronischen Kommunikation**[299]. Im Wesentlichen bedeutet dies, dass **Aufträge** von öffentlichen Auftraggebern, **die dem Kartellvergaberecht unterliegen,** d.h. die einschlägigen Schwellenwerte überschreiten, bald nur noch im **Wege der sogenannten elektronischen Vergabe beschafft werden dürfen.** Dabei müssen öffentliche Auftraggeber grundsätzlich elektronische Kommunikationsmittel nutzen, die nichtdiskriminierend, allgemein verfügbar sowie mit den allgemein verbreiteten Erzeugnissen der Informations- und Kommunikationstechnologien kompatibel sind und den Zugang der Wirtschaftsteilnehmer zum Vergabeverfahren nicht einschränken[300]. Die Umsetzung der elektronischen Vergabe erfolgt in drei Schritten im Rahmen einer Übergangsfrist bis zum 18.10.2018, die nachfolgender Tabelle entnommen werden kann.

| Teilschritte | Umsetzung |
|---|---|
| • Elektronische Übermittlung der Bekanntmachung | 18.04.2016 |
| • Elektronische Bereitstellung der Vergabeunterlagen | 18.04.2016 |
| • Bewerberkommunikation<br>• Angebotsabgabe | 18.04.2017<br>(nur für zentrale Beschaffungsstellen) |
| • Bieterkommunikation | 18.10.2018 |

**Abbildung 13:** Zeitplan für die Umsetzung des elektronischen Vergabeverfahrens[301]

Ab dem **18.04.2016** dürfen also **EU-Bekanntmachungen nur noch elektronisch beim Amt für Veröffentlichungen der Europäischen Union eingereicht werden**

---

299 Vgl. § 97 Abs. 5 GWB.

300 *Noch*, Vergaberecht, S. 188.

301 Vgl. Entwurf eines Gesetzes zur Modernisierung des Vergaberechts (Vergaberechtsmodernisierungsgesetz – VergRModG); BT-Drs. 18/6281.

und müssen die Internetadresse enthalten, auf der alle Vergabeunterlagen unentgeltlich, uneingeschränkt und vollständig, mithilfe von elektronischen Kommunikationsmitteln, abgerufen werden können.

**Ab dem 18.04.2017 ist auch für zentrale Beschaffungsstellen** das weitere Verfahren über elektronische Kommunikationsmittel zu gestalten. Dies gilt ab dem **18.10.2018 ausnahmslos für alle übrigen öffentlichen Auftraggeber,** also auch für Stadtwerke, die den Vorschriften des GWB unterfallen.

# B. Nutzen der e-Vergabe

Die Einführung der elektronischen Auftragsvergabe bringt – insbesondere für kommunale Stadtwerke – einige Vorteile mit sich:

- **Effizientere zeitliche Durchführung** des Vergabeverfahrens (z. B. durch Fristverkürzungen und/oder Unterstützung in der Wertung der Angebote, z. B. mit durch das e-Vergabe-System generierten Preisspiegeln);

- **Kostenreduzierung**[302] (laut einem Bericht der Deutschen Bank steckt in der gesamten elektronischen Beschaffung ein Einsparpotential von 50 bis 70 Milliarden Euro)[303];

- **Entlastung der** für die Durchführung des Vergabeverfahrens verantwortlichen **Mitarbeiter**[304];

- **Vermeidung von Korruption** durch ein hohes Maß an Transparenz und ordentlicher Dokumentation[305];

- **Reduktion der Fehlerquoten** beim Ausfüllen und dem Umgang mit elektronischen Dokumenten aufgrund der Plausibilitätsprüfungen der implementierten digitalen Leitfäden oder Online-Assistenten[306];

- **Schnellere und sicherere Kommunikationswege** für die Übermittlung von Anfragen, Angeboten und weiteren Dokumenten[307];

- **Verfügbarkeit digitaler Protokolle** für potentielle Vergabenachprüfungsverfahren[308].

---

302 Vgl. Booze Company (2011), Zum Entwicklungsstand des öffentlichen Einkaufs. Eine empirische Analyse in 16 Entwicklungsfeldern, Düsseldorf 2011.

303 Deutsche Bank research:e-procurement; einsehbar auf www.dbresearch.de.

304 Vgl. Broschüre des BeschABMI „Das Beschaffungsamt", S. 16.

305 Vgl. Broschüre des BeschABMI „Korruptionsprävention bei der elektronischen Vergabe".

306 Vgl. Tätigkeitsbericht BeschABMI 2005/2006, S. 24.

307 Vgl. Broschüre des BeschABMI „Das Beschaffungsamt", S. 16; vgl. Broschüre des BeschABMI „Der Bund kauft online ein", S. 7.

308 *Noch*, Vergaberecht, Rn. 513.

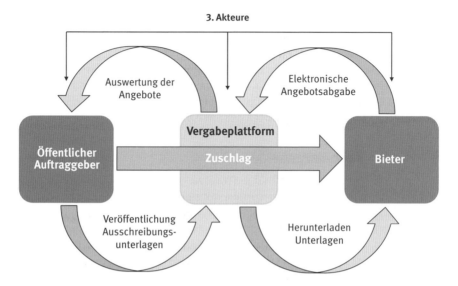

**Abbildung 14:** Zusammenspiel der Akteure

## C. Inhalt und Reichweite der e-Vergabe

### I. e-Vergabe im engeren Sinne

Unter der **elektronischen Auftragsvergabe im engeren Sinne (e-Vergabe)** versteht man die vollumfängliche digitale und elektronische Abwicklung des Vergabeverfahrens von der Ausschreibung bis zum Zuschlag, einschließlich der vor- und nachgelagerten Bekanntmachungen[309].

Dabei werden die wesentlichen Etappen des Beschaffungsprozesses elektronisch unterstützt, wie etwa

– die **Bekanntmachung,** elektronische Veröffentlichung der Bekanntmachung im TED („Tenders Electronic Daily")[310];

– die **Bereitstellung der Vergabeunterlagen,** elektronische Übermittlung bzw. Bereitstellung der Vergabeunterlagen;

– die **externe Bewerberkommunikation,** elektronische Übermittlung der Teilnahmeanträge, (diskriminierungsfreie) Beantwortung von Bewerberfragen sowie Benachrichtigung über nicht berücksichtigte Bewerbungen;

---

309 *Noch,* Vergaberecht (2011), S. 186.
310 http://ted.europa.eu/TED/misc/chooseLanguage.do

– die **Angebotsabgabe,** elektronische Übermittlung der Angebote;

– und **externe Bieterkommunikation,** elektronische Kommunikation zwischen Vergabestelle und Bieter im Rahmen der Prüfung und Wertung der Angebote sowie nach der Angebotswertung (Aufklärungsfragen, Nachforderung von Nachweisen, Zusage- oder Absagemitteilung).

Allerdings bildet die e-Vergabe nicht nur die reinen Verfahrensschritte ab, sondern gewährleistet Unterstützung durch Wertungshilfen und lückenlose Dokumentation[311].

## II. e-Vergabe im weiteren Sinne

Im weiteren Sinne umfasst der Begriff e-Vergabe zusätzlich zur elektronischen Durchführung des gesamten Verfahrens auch **die elektronische Durchführung oder Unterstützung einzelner Verfahrensschritte.** Im weiteren Sinne zählen zu der e-Vergabe daher auch die bloße Bekanntmachung der Ausschreibung in einem elektronischen Medium sowie die besonderen Instrumente:

– das dynamische Beschaffungssystem,

– die elektronische Auktion und

– der elektronische Katalog.

Hierbei handelt es sich also nicht um eigenständige Verfahrensarten, sondern um Verfahrensarten unterstützende elektronische Prozesse.

– Ein sogenanntes **dynamisches Beschaffungssystem** ist ein zeitlich befristetes, ausschließlich **elektronisches System zur Beschaffung marktüblicher Leistungen.** Bei der Auftragsvergabe über ein dynamisches Beschaffungssystem sind die Vorschriften für das nicht-offene Verfahren anzuwenden[312].

– Die **elektronische Auktion** deckt nur einen Aspekt des Vergabeverfahrens ab; nämlich die **elektronische Ermittlung des wirtschaftlichsten Angebotes**[313]. Sie lässt sich nicht uneingeschränkt in allen Vergabeverfahrensarten anwenden, sondern nur im Bereich der offenen und nicht-offenen Verfahren[314]. Im Verhandlungsverfahren mit Teilnahmewettbewerb kann die elektronische Auktion nur eingeschränkt genutzt werden[315]. Sie eignet sich nicht zur Beschaffung geistiger Leistungen.

---

311 *Noch*, Vergaberecht (2011), S. 186.

312 *Noch*, Vergaberecht (2011), S. 186.

313 Vgl. Broschüre des BeschABMI *„Der Bund kauft online ein"*, S. 7. vgl. Tätigkeitsbericht BeschABMI 2004/2005, S. 9.

314 *Noch*, Vergaberecht, Rn. 71.

315 *Noch*, Vergaberecht, Rn. 71.

– Der öffentliche Auftraggeber kann festlegen, dass Angebote in Form eines **elektronischen Kataloges** einzureichen sind oder einen solchen beinhalten müssen. Ein elektronischer Katalog ist ein auf der Grundlage der Leistungsbeschreibung erstelltes Verzeichnis der zu beschaffenden Leistungen in einem elektronischen Format und kann Abbildungen, Preisinformationen und Produktbeschreibungen umfassen.

## D.  Grundsätze der e-Vergabe

Künftig müssen also für das Senden, Empfangen, Weiterleiten und Speichern von Daten in einem Vergabeverfahren von Auftraggeber und Bieter grundsätzlich Geräte und Programme für die elektronische Datenübermittlung verwendet werden[316].

Die elektronische Kommunikation betrifft insbesondere die elektronische Erstellung und Bereitstellung der Bekanntmachung und der Vergabeunterlagen, die elektronische Angebotsabgabe sowie die elektronische Vorbereitung des Zuschlages und gilt unabhängig vom Liefer- oder Leistungsgegenstand.

Der e-Vergabe unterliegen allerdings nicht die internen Arbeitsabläufe beim Auftraggeber und Unternehmen (z. B. Austausch von internen E-Mails zur Vorbereitung der Vergabeunterlagen oder zur Vorbereitung der Angebotslegung).

## E.  Ausnahmen der e-Vergabe

Die zwingende Anwendung der e-Vergabe gilt allerdings in bestimmten Ausnahmefällen nicht. In folgenden Fällen kann ausnahmsweise von dem Grundsatz der elektronischen Kommunikation abgewichen werden:

– Es müssten **spezifische Instrumente, Vorrichtungen oder Dateiformate** verwendet werden, die **nicht allgemein verfügbar** sind oder **nicht von allgemein verfügbaren Anwendungen unterstützt** werden.

– Es werden **Dateiformate** verwendet, die **nicht mithilfe allgemein verfügbarer Anwendungen verarbeitet** werden können oder die **durch eine Lizenz geschützt** sind.

– Die Nutzung elektronischer Kommunikationsmittel würde „**spezielle Bürogeräte" erfordern,** die öffentlichen Auftraggebern nicht generell zur Verfügung stehen, z. B. Großformatdrucker, 3D-Drucker etc.

– Dem Angebot müssten **physische oder maßstabsgetreue Modelle** beigefügt werden.

---

316 § 9 Abs. 1 VgV, § 9 Abs. 1 SektVO, § 7 Abs. 1 KonzVgV.

- Es werden **keine wesentlichen Bestandteile eines laufenden Vergabever-fahrens** kommuniziert (Auftragsunterlagen, Teilnahmeanträge, Interessen-bestätigungen, Angebote). In diesem Fall kann die Kommunikation sogar mündlich erfolgen. Dies muss jedoch ausreichend dokumentiert werden.
- Wenn die Verwendung anderer Kommunikationsmittel **zum Schutz der besonderen Empfindlichkeit einer Information** notwendig ist.

Um ausufernden Berufungen auf die Ausnahmen entgegenzuwirken, **sind Begründungs- bzw. Dokumentationspflichten** im Falle der Inanspruchnahme einer Ausnahme vorgesehen[317]. Zu beachten ist, dass, soweit man auf einzelne Ausnahmetatbestände zurückgreift, **Fristverlängerungen** (z. B. bei der Angebotsabgabe) von bis zu 5 Kalendertagen erfolgen müssen.

# F. Besonderheiten der e-Vergabe

## I. Ablauf einer e-Vergabe

Der Ablauf des e-Vergabe-Verfahrens korrespondiert mit dem Ablauf eines klassischen Vergabeverfahrens[318]. An dem grundsätzlichen Ablauf des Vergabeverfahrens ändert sich daher nichts Wesentliches. Der Ablauf bestimmt sich nach der Art des Vergabeverfahrens (vgl. dazu im Einzelnen unter Teil 3 und Teil 4). Der Unterschied zu einem klassischen Vergabeverfahren besteht vielmehr darin, dass die einzelnen Verfahrensschritte elektronisch durchgeführt werden.

---

317 *Schäfer*, NZBau 2015, 131.
318 *Noch*, Vergaberecht, Rn. 515.

Teilschritte einer „klassischen Vergabe", die auf die e-Vergabe verpflichtend gespiegelt werden müssen

| Teilschritte | Erläuterung |
| --- | --- |
| Bekanntmachung | Elektronische Veröffentlichung der Bekanntmachung bei (EU-weiten) Vergaben im Amtsblatt S (Bekanntmachungen öffentlicher Aufträge) (heute TED) |
| Bereitstellung der Vergabeunterlagen | Elektronische Übermittlung bzw. Bereitstellung der Vergabeunterlagen an interessierte Bewerber |
| (externe) Bewerberkommunikation | Elektronische Übermittlung der Teilnahmeanträge, (Diskriminierungsfreie) Beantwortung von Bewerberfragen sowie Benachrichtigung über nicht berücksichtigte Bewerbungen |
| Angebotsabgabe | Elektronische Übermittlung der Angebote |
| (externe) Bieterkommunikation | Elektronische Kommunikation zwischen Vergabestelle und Bieter im Rahmen der Prüfung und Wertung der Angebote sowie nach der Angebotswertung (Aufklärungsfragen, Nachforderung von Nachweisen, Zusage- oder Absagemitteilung) |

Nicht verpflichtend gespiegelt werden müssen:

▸ Elektr. Verarbeitung/elektr. Bewertung/automatische Verarbeitung von Angeboten/Teilnahmeanträgen

▸ (interne) Kommunikation der öffentlicher Auftraggeber

**Abbildung 15:** Elektronische Teilschritte

## II. Besonderheiten

Die **Erstellung von Leistungsbeschreibung und Vergabeunterlagen** kann mithilfe eines **Online-Assistenten** erfolgen[319]. Dies ist aber nicht zwingend. Aufgrund der dadurch erfolgten Plausibilitätsprüfung können Fehler rechtzeitig erkannt und vermieden werden.

Die **Bekanntmachung muss regelmäßig elektronisch erfolgen.** Dadurch verkürzt sich regelmäßig auch die Angebotsfrist[320]. Bei europaweiten Ausschreibungen ist die Veröffentlichung im Supplement des EU-Amtsblatts vorgeschrieben, aber auch ausreichend. Im Übrigen kann der Auftraggeber die Plattform für zusätzliche Veröffentlichungen (z. B. Vergabemarktplatz NRW oder ähnliche Landesplattformen) frei wählen[321].

Die e-Vergabe ermöglicht potentiellen Bietern, die Leistungsbeschreibung und die Verdingungsunterlagen online abzurufen oder herunterzuladen[322]. Dadurch entfallen insbesondere die Kosten für den Versand und die Erstellung der Kopien.

---

319 *Noch*, Vergaberecht, Rn. 516.
320 Vgl. 12 EG VOL/A.
321 *Noch*, Vergaberecht, Rn. 518.
322 *Noch*, Vergaberecht, Rn. 519.

Dank der heutigen Verschlüsselungsmöglichkeiten sind die **Vertraulichkeit und die Authentizität** der eingereichten Angebote auch bei der e-Vergabe gewährleistet. Die elektronischen Protokolle ermöglichen zudem die **einfache und rechtssichere Nachprüfung des Eingangs der Angebote**. Die elektronische Angebotseinreichung **verringert** dabei auch das **Risiko einer Verzögerung** der Angebotszustellung, die zu einem – auch für den Auftraggeber ärgerlichen – Ausschluss des Bieters führen kann[323].

Diese Dokumentationsmöglichkeiten bieten **auch im Rahmen der Angebotsprüfung und der Zuschlagserteilung Vorteile**. Die Erstellung des Vergabevermerks wird spürbar erleichtert. Im Falle eines Nachprüfungsverfahrens ist der Nachweis der ordnungsgemäßen Durchführung bestimmter Verfahrensschritte leichter zu führen.

## III. Sicherheitsniveau bei der Durchführung der e-Vergabe

Bei der Durchführung von e-Vergaben und der Verwendung elektronischer Mittel muss der Auftraggeber gewährleisten, dass:

- die **Uhrzeit und der Tag des Datenempfanges** genau zu bestimmen sind,
- **kein vorfristiger Zugriff** auf die empfangenen Daten möglich ist,
- der **Termin für den erstmaligen Zugriff** auf die empfangenen Daten **nur von Berechtigten festgelegt** oder geändert werden kann,
- **nur die Berechtigten Zugriff** auf die empfangenen Daten oder auf einen Teil derselben haben,
- nur die Berechtigten nach dem festgesetzten Zeitpunkt **Dritten Zugriff** auf die empfangenen Daten oder auf einen Teil derselben einräumen dürfen,
- empfangene Daten **nicht an Unberechtigte** übermittelt werden und
- **Verstöße** oder versuchte Verstöße gegen die Anforderungen **eindeutig festgestellt** werden können.

## G. Technische Voraussetzungen

Zur Durchführung einer elektronischen Vergabe wird ein sog. **e-Vergabe-System** benötigt. Soweit die Vergabestelle über entsprechende Kapazitäten, IT-Fachwissen und Infrastruktur verfügt, kann ein e-Vergabe-System von der Vergabestelle selbst betrieben werden. Anderenfalls ist es möglich, ein von Anbietern betriebenes und gepflegtes e-Vergabe-System zu übernehmen.

---

323 Vgl. Broschüre des BeschABMI *„Das Beschaffungsamt"*, S. 16; vgl. Broschüre des BeschABMI *„Der Bund kauft online ein"*, S. 7.

Auf ein e-Vergabe-System kann entweder **desktopbasiert** oder **webbasiert** zugegriffen werden. **Dabei stellt sich das webbasierte System grundsätzlich** gegenüber dem desktopbasierten System **als vorteilhafter dar.**

**Ein desktopbasiertes System** kann es in Behörden und größeren Unternehmen erfordern, neue Software zu installieren. Dies kann zu einem nicht unerheblichen Mehraufwand führen aufgrund der meist nicht vorhandenen Installationsberechtigungen. Für Bieter kann es zusätzlich bedeuten, dass sie nicht sofort an einer Ausschreibung teilnehmen können, denn erst nach einem umfangreichen Installationsprozess steht die Software zur vollständigen Benutzung zur Verfügung. Auch im Hinblick auf europaweite Beschaffungen bedeutet ein desktopbasiertes e-Vergabe-System gewisse Einschränkungen, aufgrund existierender IT-Sicherheitsrichtlinien.

**Ein webbasiertes e-Vergabe-System** bietet mehr Flexibilität: Es sind keine Administratorenrechte notwendig, um damit arbeiten zu können, und eine Integration des Systems ist mit weniger Aufwand verbunden. Außerdem sind keine Updates erforderlich, denn die genutzte Version ist immer die aktuellste.

Die technischen Voraussetzungen für die Bieter sollten so gering wie möglich sein, damit kein Bieter diskriminiert wird. Das bedeutet, dass das e-Vergabe-System idealerweise auf jedem handelsüblichen Computer mit jedem üblichen Betriebssystem (Microsoft, Apple oder Linux) laufen soll. Außerdem ist es wichtig, dass nur handelsübliche und am besten kostenlose Programme zusätzlich benötigt werden, z. B. ein PDF-Reader.

Es ist zwar zulässig, den Einsatz der elektronischen Signatur verpflichtend festzuschreiben. Es ist jedoch empfehlenswert, gerade in der Einführungsphase so wenige Hürden wie möglich aufzustellen, um den Bietern einen einfachen Weg in die elektronische Vergabe zu ermöglichen.

Falls innerhalb der IT-Landschaft des Auftraggebers andere Haushalts- und Dokumentenmanagement-Systeme im Einsatz sind, so sollte darauf geachtet werden, dass das e-Vergabe-System über Schnittstellen an die bereits existierende Software angeknüpft werden kann.

# Teil 8 Gefahren bei Missachtung des Vergaberechts (Jung)

Bei Verletzungen von vergaberechtlichen Vorschriften können Bieter veranlasst sein, vergaberechtlichen Rechtsschutz in Anspruch zu nehmen. Um Vergaberechtsverstöße der öffentlichen Auftraggeber anzugreifen, stehen den Bietern verschiedene Möglichkeiten zur Verfügung. Insoweit ist **besondere Sorgfalt bei der Vorbereitung und Durchführung von Vergabeverfahren** geboten.

**Vergabeverstöße können grundsätzlich in allen Verfahrensstadien** – selbst bei der Vorbereitung des Verfahrens (z. B. falsche Schätzung des Auftragswertes, falsche Wahl der Verfahrensart) – eintreten. Beispielhaft seien folgende Verstöße genannt:

– Fehlerhafte Angaben in der **Bekanntmachung**

– **Fehlerhafte Leistungsbeschreibung** (z. B. verdeckte herstellerbezogene Ausschreibung oder Fehler bei der Bestimmung des Auftragsgegenstandes)

– Unzulässige Direktvergabe (**„de-facto-Vergabe"**)

– Ungerechtfertigter **Ausschluss eines Bieters**

– Fehlerhafte **Wertung der Angebote**

– **Aufhebung der Ausschreibung** ohne rechtfertigenden Grund

– Verbotene **Verhandlungen**

– Zuschlag auf Angebot mit einem **unangemessen niedrigen Preis**

– **Diskriminierung** einzelner Bieter im Verfahren

## A. Rechtsschutzmöglichkeiten vor Zuschlagserteilung im Vergabeverfahren unterhalb der Schwellenwerte

Rechtsschutz im Zusammenhang mit einer Auftragsvergabe im unterschwelligen Bereich wird nicht vor den Vergabekammern und nach Maßgabe des GWB, sondern vor den **ordentlichen Gerichten gewährt**[324].

Sofern der Auftragswert die einschlägigen Schwellenwerte unterschreitet, gibt es – bis auf einige wenige Möglichkeiten in Landesvergabegesetzen (z. B. Hessisches Vergabegesetz) – nach wie vor **keine Möglichkeit für Bieter, die Erteilung eines Zuschlags zu hindern,** da die kartellvergaberechtlichen Bestimmungen zum Nachprüfungsverfahren nicht anwendbar sind. Die haushaltsrechtlichen Regelungen begründen nämlich keinen Anspruch eines Bieters auf die Ein-

---

324 BVerwGE 129, 9.

haltung von Vergabevorschriften seitens des Auftraggebers und verschaffen keinen Anspruch auf Ausschreibung eines Auftrages[325]. Solche subjektiven Rechte werden dabei im Verfahren oberhalb der Schwellenwerte durch § 97 Abs. 6 GWB eingeräumt:

> „Unternehmen haben Anspruch darauf, dass die Bestimmungen über das Vergabeverfahren eingehalten werden."

Dennoch ist es unter Umständen möglich, dass ein Bieter unterhalb der Schwellenwerte z. B. im **einstweiligen Rechtsschutzverfahren** vor den Zivilgerichten vor der Zuschlagserteilung versucht, den Vertragsschluss zu verhindern oder unter Berufung auf einen Verstoß gegen das jeweilige Landesvergaberecht nach Zuschlagserteilung Schadensersatz verlangt[326]. Zudem steht den einzelnen Bietern die Möglichkeit offen, sich an die Aufsichtsbehörde zu wenden und sich über die Missachtung von Vergabevorschriften zu beschweren[327].

## B.  Rechtsschutzmöglichkeiten vor Zuschlagserteilung im Vergabeverfahren ab Erreichen der Schwellenwerte

Im Vergabeverfahren, ab Erreichen der einschlägigen Schwellenwerte, besteht für Bieter, die nicht zum Zuge gekommen sind, die Möglichkeit, Rechtsschutz vor den **Vergabekammern** zu suchen. Ihre Behauptung, es habe ein Verstoß gegen das Vergaberecht stattgefunden, kann von den Vergabekammern in einem **Nachprüfungsverfahren** überprüft werden. Die Vergabekammern gehören zwar rein organisatorisch zur Verwaltung, in ihrer Entscheidungsgewalt und Selbständigkeit stehen sie aber staatlichen Gerichten weitgehend gleich[328].

Ein Nachprüfungsverfahren vor der Vergabekammer wird **nur auf Antrag** eingeleitet. Ein Vergabenachprüfungsverfahren kann jedes Unternehmen einleiten, das ein **Interesse am Auftrag hat und eine Verletzung in seinen Rechten durch Nichtbeachtung von Vergabevorschriften geltend macht.** Das Unternehmen muss darlegen, dass ihm durch die behauptete Verletzung der Vergabevorschriften ein **Schaden** entstanden ist oder zu entstehen droht. Die Anforderungen an eine entsprechende Behauptung des Antragstellers sind allerdings gering. Es genügt, wenn ein Schadenseintritt durch die geltend gemachte Rechtsverletzung ursächlich und nicht offensichtlich ausgeschlossen ist[329].

---

325 *Dietlein/Fandrey* in Byok/Jaeger, Einl. A. Rn. 106.

326 *Dietlein/Fandrey* in Byok/Jaeger, Einl. A. Rn. 108.

327 Vgl. hierzu ausführlich *Vgyn* in Ingenstau/Korbion u. a., VOB, Einl. Rn. 48–51.

328 *Dietlein/Fandrey* in Byok/Jaeger, Einl. A. Rn. 70.

329 Vgl. BGH Urt. v. 26.9.2006 – X ZB 14/06.

In der Rechtsprechung wird dies so gedeutet, dass der Antragsteller eine „**echte Chance**" auf den Zuschlag haben muss[330]. Eine echte Chance wird man nur den Bietern zumessen können, die in die engere Wahl kommen.

Insbesondere kann ein Unternehmen sich auch darauf berufen, dass gar kein Vergabeverfahren durchgeführt wurde, obwohl dies nach den rechtlichen Vorgaben erforderlich gewesen wäre[331].

Die **Rüge** eines Vergabeverstoßes ist allerdings **zeitlich nur begrenzt** möglich. Nach § 160 Abs. 3 Nr. 1 GWB ist ein Antrag unzulässig, soweit der Antragsteller den geltend gemachten Verstoß gegen Vergabevorschriften bereits **vor Einreichen des Nachprüfungsantrags** erkannt und gegenüber dem Auftraggeber nicht innerhalb einer **Frist von zehn Kalendertagen** gerügt hat. Ein Nachprüfungsantrag ist außerdem dann unzulässig, wenn Verstöße gegen Vergabevorschriften **bereits in der Bekanntmachung** erkennbar sind (etwa die Wahl des Verfahrens oder die Spezifizierung des Auftragsgegenstandes) und nicht spätestens bis zum Ablauf der in der **Bekanntmachung benannten Frist** zu Bewerbung oder zur Angebotsabgabe gegenüber dem Auftraggeber gerügt werden[332]. Dies gilt auch für Vergabeverstöße in den Vergabeunterlagen (z. B. bei der Aufstellung der Zuschlagskriterien), die nicht bis zum **Ablauf der Frist zur Bewerbung** oder zur Angebotsabgabe gerügt werden[333].

Wartet der Bieter, nachdem er eine Rüge erhoben und die Vergabestelle ihm die Mitteilung gemacht hat, dieser Rüge nicht abzuhelfen, mehr als 15 Kalendertage ab, so ist ein Nachprüfungsantrag unzulässig[334].

---

### PRAXISTIPP

Einen Bieter, der einen Fehler erkennt (oder zu erkennen glaubt), trifft die Pflicht, auf diesen Fehler sofort hinzuweisen. Verfahrensfehler sollten daher nicht „aufgespart" werden, um nur dann die Vergabekammer anzurufen, wenn das Verfahren zu eigenem Ungunsten ausgeht. Das Nachprüfungsverfahren würde dann wegen der sog. Präklusion scheitern.

---

330 OLG Düsseldorf Urt. v. 5.7.2000 – Verg 5/99, sowie vom 5.3.2001 – Verg 2/01; *Möllenkamp* in Kulartz/Kus/Portz, § 107 GWB, Rn. 35.

331 *Dreher* in: Immenga/Mestmäcker, § 97 GWB, Rn. 14, 188f.

332 § 160 Abs. 3 Nr. 2 GWB.

333 § 160 Abs. 3 Nr. 3 GWB.

334 Vgl. nur OLG Frankfurt, Urt. v. 16.5.2000 – 11 Verg 1/99.

Ist ein **Nachprüfungsverfahren eingeleitet** und der Auftraggeber hierüber informiert worden, **kann der Auftraggeber vorläufig keinen Zuschlag erteilen**[335]. Die Vergabekammer entscheidet, ob der Antragsteller in seinen Rechten verletzt ist und trifft die geeigneten Maßnahmen, um Rechtsverletzungen zu beseitigen und eine Schädigung der betroffenen Interessen zu verhindern[336]. Sie kann insbesondere den Auftraggeber verpflichten, die **Entscheidung über den Zuschlag unter Berücksichtigung der Auffassung der Vergabekammer zu wiederholen bzw. ganze Abschnitte des Vergabeverfahrens erneut durchzuführen.** Gegen eine Entscheidung der Vergabekammer ist eine Beschwerde zum Oberlandesgericht zulässig.

Ein **wirksam erteilter Zuschlag,** d.h. ein wirksam abgeschlossener Vertrag, kann allerdings **nicht aufgehoben werden**[337].

## C. Schadensersatz

Der auf Schadensersatz gerichtete Anspruch eines Bieters besteht **unabhängig davon,** ob es sich um ein Vergabeverfahren **unterhalb oder oberhalb der Schwellenwerte** handelt.

### I. Anspruch auf Ersatz des Vertrauensschadens

Gemäß § 181 GWB kann der Auftragnehmer Schadensersatz vom Auftraggeber verlangen, wenn dieser gegen eine den Schutz von Unternehmen bezweckende Vorschrift verstoßen hat und das Unternehmen ohne diesen Verstoß bei der Wertung der Angebote eine echte Chance gehabt hätte, den Zuschlag zu erhalten. Der zu ersetzende Schaden umfasst jedoch lediglich den Schaden, der durch das Vertrauen in ein ordnungsgemäßes Verfahren beim Bieter entstanden ist. In der Regel gehören dazu insbesondere die **Kosten für die Angebotserstellung** und die **Beteiligung am Vergabeverfahren**[338].

Im Falle des Ersatzes des Vertrauensschadens ist **der entsprechende Bieter so zu stellen, als hätte er sich an dem streitgegenständlichen Vergabeverfahren nicht beteiligt**[339].

---

335  § 169 Abs. 1 GWB.

336  § 114 Abs. 1 GWB.

337  § 114 Abs. 2 S. 1 GWB.

338  *Weyand*, § 126 GWB, Rn. 62.

339  Vgl. *Wendtland* in BeckOK-BGB, § 122 BGB, Rn. 7 f.

## II. Anspruch auf Ersatz des entgangenen Gewinns

Ein Anspruch auf Ersatz des entgangenen Gewinns setzt nicht nur voraus, dass der Kläger bei richtiger Anwendung des Vergaberechts den Auftrag erhalten hätte, sondern auch, dass der streitgegenständliche Auftrag (an einen anderen Bieter) tatsächlich vergeben wurde[340]. Wird der streitgegenständliche Auftrag später nicht unverändert erteilt, kann dies einem Anspruch auf entgangenen Gewinn bereits entgegenstehen.

Die Geltendmachung des Ersatzes eines entgangenen Gewinns ist nur in **besonderen Ausnahmefällen** möglich:

– Verstoß gegen **die Geheimhaltungspflicht**

  Wird ein Mitbietender über die Einzelheiten des Angebotes eines anderen Bieters informiert und kann er allein aus diesem Grund den Preis unterbieten, begründet dies einen Anspruch auf den entgangenen Gewinn, wenn der Bieter sonst den Zuschlag erhalten hätte.

– **Unrechtmäßiger Ausschluss** vom Vergabeverfahren

  Wird ein Bieter zu Unrecht von dem Vergabeverfahren oder einem Wettbewerb ausgeschlossen, so kann er ebenfalls den Anspruch auf Ersatz des entgangenen Gewinns geltend machen, sofern er nachweist, bei Zulassung seines Angebotes den Zuschlag erhalten zu haben.

# D. Folgen von De-facto-Vergaben

Der Begriff der sog. „De-facto-Vergaben" bezeichnet eine Vorgehensweise der Vergabestelle, bei der diese entweder aus Unkenntnis bzw. einer rechtlichen Fehleinschätzung heraus oder in voller Kenntnis der rechtlichen Lage die **Durchführung eines erforderlichen Vergabeverfahrens unterlassen** hat.

Nach **§ 135 Abs. 1 Nr. 2 GWB** ist ein **Vertrag von Anfang an unwirksam**, wenn der öffentliche Auftraggeber einen öffentlichen Auftrag **ohne vorherige Veröffentlichung einer Bekanntmachung** im Amtsblatt der Europäischen Union vergeben hat, ohne dass dies aufgrund Gesetzes gestattet ist.

Nach § 135 Abs. 2 Satz 1 GWB kann die **Unwirksamkeit aber nur festgestellt werden,** wenn sie in einem Nachprüfungsverfahren innerhalb von 30 Kalendertagen ab Kenntnis des Verstoßes geltend gemacht worden ist; dies wiederum darf auch **nicht später als sechs Monate nach Vertragsschluss** erfolgen. Eine bloß 30-tägige Frist gilt überdies nach § 135 Abs. 2 Satz 2 GWB, wenn der Auf-

---

[340] BGH, Urt. v. 3.4.2007 – X ZR 19/06; BGH NJW NJW 2000, 137.

traggeber die Auftragsvergabe im Amtsblatt der Europäischen Union bekannt gemacht hat.

Diese Unwirksamkeitsregelung sollte öffentliche Auftraggeber dazu anhalten, die Frage, ob sie ausschreiben müssen, besonders sorgfältig zu durchdenken.

# Teil 9 Anhang I: Relevante Gerichts- und Vergabekammerentscheidungen (Michaels/Bossy)

## A. Grundsätze des Vergaberechts

- **Bestimmungsrecht des Auftraggebers:** OLG Düsseldorf, Beschl. v. 27.6.2012 – VII-Verg 7/12 *[ebenso: BKartA, Beschl. v. 1.3.2012 – VK 25/12; OLG Karlsruhe, Beschl. v. 16.11.2012 -15 Verg 9/12]*

  *Dem Auftraggeber steht das Bestimmungsrecht zu, ob und welchen Gegenstand er wie beschaffen will. Er bestimmt über die an die zu beschaffenden Gegenstände zu stellenden technischen und ästhetischen Anforderungen.*

- **Gegenstand des Vergabeverfahrens:** OLG Düsseldorf NZBau 2013, 650

  *Das Vergaberecht regelt die Art und Weise der Beschaffung und nicht, was der öffentliche Auftraggeber beschafft.*

- **Grundsätze der Gleichbehandlung und Transparenz:** EuGH, Urt. v. 7.12.2000 – C 324/98 „Telaustria"

  *Die Auftraggeber [haben] die Grundregeln des Vertrages im Allgemeinen und das Verbot der Diskriminierung aus Gründen der Staatsangehörigkeit im Besonderen zu beachten, das insbesondere eine Verpflichtung zur Transparenz einschließt, damit festgestellt werden kann, ob es beachtet worden ist.*

## B. Anwendbarkeit des Vergaberechts

### I. In-House-Geschäfte

- **Aktiengesellschaften:** EuGH, Urt. v. 13.10.2005 – C-458/03 – „Parking Brixen"

  *Ein Ausschreibungsverfahren ist erforderlich, wenn eine öffentliche Dienstleistungskonzession an eine Aktiengesellschaft vergeben wird, die durch Umwandlung eines Sonderbetriebs dieser öffentlichen Stelle entstanden ist, deren Gesellschaftszweck auf bedeutende neue Bereiche ausgeweitet wurde, deren Kapital bald für Fremdkapital offen stehen muss, deren geografischer Tätigkeitsbereich auf das gesamte Land und das Ausland ausgedehnt wurde und deren Verwaltungsrat sehr weitgehende Vollmachten der Verwaltung innehat, die er selbständig ausüben kann.*

– **Aktiengesellschaften:** EuGH, Urt. v. 11.5.2006, RS. C-340/04 – „Carbotermo" (zur alten Rechtslage)

*Ein In-House-Geschäft liegt nicht vor, d. h. eine Direktvergabe ist unzulässig, wenn die Vergabe an eine Aktiengesellschaft erfolgt, deren Verwaltungsrat über weite Leitungsbefugnisse verfügt, die er autonom ausüben kann, und deren Kapital gegenwärtig vollständig von einer anderen Aktiengesellschaft gehalten wird, deren Mehrheitsaktionär der öffentliche Auftraggeber ist.*

*(...)*

*Ob ein Unternehmen seine Tätigkeit im Wesentlichen für die Körperschaft verrichtet, die seine Anteile innehat, sind alle Tätigkeiten zu berücksichtigen, die dieses Unternehmen aufgrund einer Vergabe durch den öffentlichen Auftraggeber verrichtet, unabhängig davon, wer diese Tätigkeit vergütet — sei es der öffentliche Auftraggeber selbst oder der Nutzer der erbrachten Dienstleistungen —, und ohne dass es darauf ankäme, in welchem Gebiet diese Tätigkeit ausgeübt wird.*

– **Aktiengesellschaften:** BGH, Urt. v. 3.7.2008 – I ZR 145/05

*In-House-Geschäfte liegen nicht vor, wenn der Auftragnehmer eine Aktiengesellschaft ist, deren Anteile ausschließlich in den Händen öffentlicher Auftraggeber liegen. Die Aktiengesellschaft hat eine weitreichende Selbständigkeit, was einer staatlichen Kontrolle entgegensteht.*

– **GmbH:** BGH, Beschl. v. 12.6.2001 – X ZB 10/01; BGHZ 148, 55

*Betraut ein öffentlicher Auftraggeber eine GmbH mit Dienstleistungen, kommt es nicht zu einem öffentlichen Auftrag i. S. von § 99 Abs 1 GWB (a. F.), wenn der öffentliche Auftraggeber alleiniger Anteilseigner des Beauftragten ist, er über diesen eine Kontrolle wie über eigene Dienststellen ausübt und der Beauftragte seine Tätigkeit im Wesentlichen für diesen öffentlichen Auftraggeber verrichtet.*

– **GmbH:** OLG Hamburg, Beschl. v. 14.12.2010 – 1 Verg 5/10; ZNER 2011, 198; [ebenso OLG Frankfurt, Beschl. v. 30.8.2011, XI Verg 3/11]

*Für die Beurteilung der Frage, ob ein zu 100 % im Eigentum einer öffentlichen Gebietskörperschaft stehendes Energieversorgungsunternehmen in der Rechtsform der GmbH das Wesentlichkeitskriterium eines In-House-Geschäftes erfüllt, ist der Umsatz, der mit dem öffentlichen Auftraggeber erzielt wird, maßgeblich. Die Umsätze, die das Energieversorgungsunternehmen der öffentlichen Gebietskörperschaft mit Privatkunden erzielt, können nicht als wesentliche Tätigkeit für die öffentliche Gebietskörperschaft angesehen werden, da es an dem erforderlichen Kausalzusammenhang zwischen der Rechtsbeziehung und dem Umsatz fehlt (...)*

*Eine für die öffentliche Gebietskörperschaft wesentliche Tätigkeit liegt auch dann nicht vor, wenn das Energieversorgungsunternehmen nach dem Gesellschaftsvertrag „Aufgaben der Daseinsvorsorge und des Klimaschutzes" übernehmen soll, da die Stromversorgung nicht mehr exklusiv den öffentlichen Gebietskörperschaften zugewiesen ist, sondern auch von Privaten erbracht werden darf und somit im Wettbewerb steht*

– **Interkommunale Genossenschaften:** EuGH, Urt. v. 13.11.2008 – C-324/07 – „Coditel Brabant"

*Eine öffentliche Dienstleistungskonzession kann ohne Ausschreibung an eine interkommunale Genossenschaft vergeben werden, wenn deren Mitglieder sämtlich öffentliche Stellen sind und wenn diese öffentlichen Stellen über die Genossenschaft eine Kontrolle ausüben wie über ihre eigenen Dienststellen und die Genossenschaft ihre Tätigkeit im Wesentlichen für diese öffentlichen Stellen verrichtet.*

– **Staatliche Beherrschung des Auftragnehmers:** EuGH, Urt. v. 29.11.2012 – C-182/11 – „Econord"

*Eine „Kontrolle wie über eigene Dienststellen" liegt vor, wenn die betreffende Einrichtung einer Kontrolle unterliegt, die es dem öffentlichen Auftraggeber ermöglicht, auf ihre Entscheidungen einzuwirken. Hierbei muss die Möglichkeit gegeben sein, sowohl auf die strategischen Ziele als auch auf die wichtigen Entscheidungen dieser Einrichtung ausschlaggebenden Einfluss zu nehmen Mit anderen Worten muss der öffentliche Auftraggeber in der Lage sein, eine strukturelle und funktionelle Kontrolle über diese Einrichtung auszuüben. Der Gerichtshof verlangt auch, dass diese Kontrolle wirksam ist.*

– **Tätigkeitsschwerpunkt für den Auftraggeber:** OLG Hamburg, Beschl. v. 14.12.2010 – 1 Verg 5/10; ZNER 2011, 198

*Für die Beurteilung der Frage, ob ein zu 100 % im Eigentum einer öffentlichen Gebietskörperschaft stehendes Energieversorgungsunternehmen in der Rechtsform der GmbH das Wesentlichkeitskriterium eines In-House-Geschäftes erfüllt, ist der Umsatz, der mit dem öffentlichen Auftraggeber erzielt wird, maßgeblich. Die Umsätze, die das Energieversorgungsunternehmen der öffentlichen Gebietskörperschaft mit Privatkunden erzielt, können nicht als wesentliche Tätigkeit für die öffentliche Gebietskörperschaft angesehen werden, da es an dem erforderlichen Kausalzusammenhang zwischen der Rechtsbeziehung und dem Umsatz fehlt (...)*

*Eine für die öffentliche Gebietskörperschaft wesentliche Tätigkeit liegt auch dann nicht vor, wenn das Energieversorgungsunternehmen nach dem Gesellschaftsvertrag „Aufgaben der Daseinsvorsorge und des Klimaschutzes" übernehmen soll, da die Stromversorgung nicht mehr exklusiv den öffentlichen Gebietskörperschaften zugewiesen ist, sondern auch von Privaten erbracht werden darf und somit im Wettbewerb steht.*

- **Voraussetzungen des In-House-Geschäfts:** EuGH, Urt. v. 11.11.1999 – C-107/98; EuZW 2000, 246 ff. – „Teckal" [*Bestätigt in EuGH, Urt. v. 7.12.2000 – C94/99 „ARGE Gewässerschutz" u. a. (vgl. Fn. 99)*]

*Ein Aussschreibungsverfahren muss erfolgen, wenn ein öffentlicher Auftraggeber (…) beabsichtigt, mit einer Einrichtung, die sich formal von ihm unterscheidet und die ihm gegenüber eigene Entscheidungsgewalt besitzt, einen schriftlichen entgeltlichen Vertrag über die Lieferung von Waren zu schließen, wobei unerheblich ist, ob diese Einrichtung selbst ein öffentlicher Auftraggeber ist.*

*Dazu genügt es nach Artikel 1 Buchstabe a der Richtlinie 93/36 grundsätzlich, dass der Vertrag zwischen einer Gebietskörperschaft und einer rechtlich von dieser verschiedenen Person geschlossen wurde. Etwas anderes kann nur dann gelten, wenn die Gebietskörperschaft über die fragliche Person eine Kontrolle ausübt wie über ihre eigenen Dienststellen und wenn diese Person zugleich ihre Tätigkeit im Wesentlichen für die Gebietskörperschaft oder die Gebietskörperschaften verrichtet, die ihre Anteile innehaben.*

- **Zeitpunkt des In-house-Geschäfts:** EuGH, Urt. v. 6.4.2006 – C-410/04, Rn. 30 – „ANAV ./. Commune di Bari" [*ebenso: EuGH, Urt. v. 10.11.2005, RS. C-29/04; IR 2005, 287 – „Stadtgemeinde Mödling"*]

*Die Voraussetzungen für eine In-house-Vergabe müssen grundsätzlich während der gesamten Vertragslaufzeit vorliegen. Es dürfen keine Ereignisse eintreten, die die Voraussetzungen entfallen lassen, insbesondere keine Privatisierung. (…)*

*Wenn mehrere öffentliche Stellen in ihrer Eigenschaft als öffentliche Auftraggeber gemeinsam eine Einrichtung zur Erfüllung ihrer Gemeinwohlaufgabe errichten, (…) [müssen] diese Stellen über die Einrichtung gemeinsam eine Kontrolle wie über ihre eigenen Dienststellen ausüben, [etwa] wenn jede dieser Stellen sowohl am Kapital als auch an den Leitungsorganen der Einrichtung beteiligt ist.*

## II. Konzessionen (Abgrenzung zum öffentlichen Auftrag)

- EuGH, Rs. C-458/03, Urt. v. 13.10.2005 – „Parking Brixen"

*[Ein öffentlicher Dienstleistungsauftrag setzt einen entgeltlichen Vertrag voraus und umfasst daher eine Gegenleistung], die vom öffentlichen Auftraggeber unmittelbar an den Dienstleistungserbringer gezahlt wird. (...) [Erfolgt die] Bezahlung des Dienstleistungserbringers hingegen nicht durch die betreffende öffentliche Stelle, sondern aus den Beträgen, die Dritte für die Benutzung des betreffenden Parkplatzes entrichten, [liegt eine Dienstleistungskonzession vor.] Diese Art der Bezahlung bringt es mit sich, dass der Dienstleistungserbringer das Betriebsrisiko der fraglichen Dienstleistungen übernimmt, und ist damit kennzeichnend für eine öffentliche Dienstleistungskonzession.*

## III. Mischformen von Auftragstypen (Zuordnung zu Auftragstypen)

- **Anteil der Bauleistung:** OLG Düsseldorf, Beschl. v. 30.4.2014 – VII Verg 35/13; VergabeR 2014, 677

*Trotz eines Anteils der Bauleistungen von lediglich gut 30 % sind diese im Ergebnis nicht nur als Nebenarbeiten zu qualifizieren. Entscheidend ist, ob die Bauleistungen einen die ordnungsgemäße Vertragserfüllung prägenden Charakter [haben]. Dies gebietet, die Bauleistungen trotz ihres geringeren Wertanteils als den Hauptgegenstand des Vertrages anzusehen.*

- **Intention und Schwerpunkt:** BayObLG, Beschl. v. 23.7.2002 – Verg 17/02; NZBau 2003, 340

*[Die Sanierung und Erneuerung der Brandmeldeanlage im Museumsbau ist eine Bauleistung.] Ein etwaiger hoher Lieferanteil nimmt dem Auftrag nicht den Charakter eines der VOB/A unterfallenden Bauauftrags. Das zeigt ergänzend § 1 a Nr. 2 VOB/A; danach gilt auch für Bauaufträge mit überwiegendem Lieferanteil – nach näherer Maßgabe der dort getroffenen Regelung – die VOB/A und nicht etwa die VOL/A. (...) [Entscheidend ist das] ersichtliche Hauptinteresse des Auftraggebers und der sachliche Schwerpunkt des Vertrages.*

- **Wartungsmaßnahmen:** OLG Düsseldorf, Beschl. v. 14.4.2010 – VII Verg 60/09; VergabeR 2011, 78

*Bei der Ausschreibung der Wartung einer Brandmeldeanlage und Auswechslung der Meldegeräte handelt es sich um einen Dienstleistungsauftrag. Das bloße Abnehmen vorhandener und das Anbringen neuer Brandmelder bei Bestehenbleiben der vorhandenen Feuermeldeanlage (ohne Änderung oder*

*Umrüstung des Systems) ist nicht als eine Bauleistung an einem Bauwerk anzusehen sondern als reine Dienstleistung.*

## IV. Wesentliche Änderung des Auftrags

- **Kündigungsverzichtklauseln und Rabatte:** EuGH, Urt. v. 19.6.2008 – C-454/06

  *Die [nachträgliche] Vereinbarung einer Kündigungsverzichtsklausel für die Dauer von drei Jahren während der Laufzeit eines Dienstleistungsauftrags von unbestimmter Dauer stellt keine neue Auftragsvergabe (...) dar.*

  *(...) Die Vereinbarung in einem Nachtrag, für bestimmte Staffelpreise in einem besonderen Bereich größere Rabatte als die ursprünglich vorgesehenen festzulegen, ist nicht als eine wesentliche Vertragsänderung anzusehen ist und [erfordert] damit keine neue Auftragsvergabe.*

- **Wegfall des In-house-Geschäfts:** EuGH, Urt. v. 6.4.2006 – C-410/04, Rn. 30; „ANAV ./. Commune di Bari" [ebenso: EuGH, Urt. v. 10.11.2005 – C-29/04, – „Stadtgemeinde Mödling"]

  *Eine wesentliche Änderung kann sich daraus ergeben, dass nachträglich die Voraussetzungen für eine In-house-Vergabe entfallen. Die Voraussetzungen für eine In-house-Vergabe müssen grundsätzlich während der gesamten Vertragslaufzeit vorliegen. Es dürfen keine Ereignisse eintreten, die die Voraussetzungen entfallen lassen, insbesondere keine Privatisierung.*

# C. Vergabeverfahren bei Überschreitung der Schwellenwerte

## I. Besondere Ausführungsbedingungen

- **Mindestlohn:** EuGH, Urt. v. 17.11.2015 – C-115/14 – RegioPost ./. Stadt Landau in der Pfalz (zum LTTG Rheinland-Pfalz)

  *Eine nationale Regelung über einen vergaberechtlichen Mindestlohn bei der Ausführung der Leistung ist zulässig, falls kein niedriger Mindestlohn durch Tarifvertrag vorgesehen ist.*

- **Tariftreue und Mindestlohn:** EuGH, Urt. v. 18.9.2014 – C-549/13, Bundesdruckerei ./. Stadt Dortmund (zum TVgG NRW)

  *[Beabsichtigt] ein Bieter, einen öffentlichen Auftrag ausschließlich durch Inanspruchnahme von Arbeitnehmern auszuführen, die bei einem Nachunternehmer mit Sitz in einem anderen Mitgliedstaat als dem, dem der öffentliche Auftraggeber angehört, beschäftigt sind, [steht] Art. 56 AEUV der Anwen-*

*dung von Rechtsvorschriften des Mitgliedstaats, dem dieser öffentliche Auftraggeber angehört, entgegen(...), die diesen Nachunternehmer verpflichten, den genannten Arbeitnehmern ein mit diesen Rechtsvorschriften festgelegtes Mindestentgelt zu zahlen.*

- **Tariftreueerklärung:** BverfG, Beschl. v. 11.7.2006 – 1 BvL 4/00; BVerfGE 116, 202, Zulässigkeit einer Tariftreueerklärung nach § 1 Abs. 1 S. 2 VvG Bln a. F. (neu: § 4 BerAGV)

*Die Vergabe öffentlicher Aufträge unter anderem im Baubereich kann von so genannten Tariftreueerklärungen der Auftragnehmer abhängig gemacht wird; diese sind verfassungsgemäß. Sie berührt das Grundrecht der Koalitionsfreiheit aus Art. 9 Abs. 3 GG nicht und das Grundrecht der Berufsfreiheit aus Art. 12 Abs. 1 GG nicht.*

- **Tarifverträge:** EuGH, Urt. v. 3.4.2008 – C-346/06 – „Rüffert"

*Bei nicht für allgemeinverbindlich erklärten Tarifverträgen liegt ein Verstoß gegen Art. 49 EG a. F. (neu: Art. 56 AEUV, Dienstleistungsfreiheit) vor.*

- **Umweltbezogene und innovative Aspekte:** EuGH Urt. v. 10.5.2012 – C-368/10 – „EKO/Max Havelaar"

*Die Verwendung von Umweltgütesiegeln als vorgegebenes Qualitätsmerkmal ist grundsätzlich unzulässig. Sie dürfen lediglich als Nachweis für die Erfüllung eines konkreten Kriterienkatalogs herangezogen werden. Dass andere Gütezeichen ebenso als „gleichwertig" zugelassen werden, kann den Auftraggeber nicht davon entbinden, die technischen Spezifikationen abstrakt zu beschreiben. Die Verwendung derartiger Umweltgütezeichen ist somit nur unter strengen Voraussetzungen möglich. Allerdings darf der Staat von den interessierten Unternehmen den Nachweis verlangen, dass diese umweltorientiert arbeiten.*

- **Verpflichtungserklärung zu ILO-Kernarbeitsnormen:** OLG Düsseldorf, Beschl. v. 25.6.2014 – VII-Verg 39/13, Verg 39/13

*Zusätzliche Bedingungen zur Auftragsausführung sind Vertragsbedingungen, zu deren Einhaltung sich der Bieter nicht nur vertraglich bei der späteren Auftragsausführung, sondern verbindlich bereits im Vergabeverfahren durch Abgabe entsprechender Erklärungen verpflichtet. Verweigert er die Abgabe der geforderten Erklärung, ist sein Angebot nach §§ 16 Abs. 3, 19 Abs. 3 lit. a VOL/A EG von der Vergabe auszuschließen. Gibt er eine unrichtige Erklärung ab oder hält er eine abgegebene Erklärung später nicht ein, kann dies in zukünftigen Vergabeverfahren einen Ausschluss vom Vergabeverfahren wegen mangelnder Eignung nach sich ziehen.*

## II.  Fristen

- **Fristen im Verhandlungsverfahren:** OLG Düsseldorf, Beschl. v. 28.12.2011 – Verg 73/12

  *Wird im Verhandlungsverfahren in einer Verhandlungsrunde von den Bietern die Abgabe eines Angebotes innerhalb einer fest bestimmten Frist und zugleich zwingend verlangt, mit dem Angebot eine bestimmte Erklärung bzw. eine Vertragsunterlage vorzulegen, so ist ein Angebot, welches einen solchen Vertragsentwurf nicht enthält (...) zwingend von der weiteren Verhandlung und Wertung auszuschließen.*

## III.  Leistungsbeschreibung

- **Aufwand bei Erstellung:** VK Lüneburg, Beschl. v. 7.3.2011 – VgK-73/2010

  *Der Grundsatz der eindeutigen und erschöpfenden Leistungsbeschreibung verlangt keinen unverhältnismäßigen Kostenaufwand, wobei aber ein zumutbarer finanzieller Arbeitsaufwand erforderlich ist.*

- **Bedeutung der Leistungsbeschreibung:** VK Lüneburg, Beschl. v. 12.4.2002 – 203.VgK-05/02

  *Die Leistungsbeschreibung ist das Kernstück der Vergabeunterlagen.*

- **Eindeutigkeit:** BGH, Urt. v. 3.4.2012 – X ZR 130/10, NZBau 2012, 513

  *[Der Auftraggeber ist verpflichtet] die Vergabeunterlagen so eindeutig zu formulieren, dass die Bieter diesen Unterlagen deutlich und sicher entnehmen können, welche Erklärungen von ihnen wann abzugeben sind. Genügen die Vergabeunterlagen dem nicht, darf der Auftraggeber ein Angebot nicht ohne weiteres wegen Fehlens einer entsprechenden Erklärung aus der Wertung nehmen.*

- **Unklarheit:** OLG Schleswig, Urt. v. 25.9.2009 – 1 U 42/08

  *Eine auch durch Auslegung nicht zu beseitigende Unklarheit der Leistungsbeschreibung geht zu Lasten der Vergabestelle, nicht des Bieters.*

- **Vergleichbarkeit der Angebote:** BGH, Urt. v. 1.8.2006 – X ZR 146/03

  *An einer echten Chance im Sinne von § 126 GWB fehlt es, wenn die Leistungsbeschreibung fehlerhaft war und deshalb mangels Vergleichbarkeit die abgegebenen Angebote nicht gewertet werden können.*

## IV. Losaufteilung

- **Fachlose:** OLG Koblenz, Beschl. v. 4.4.2012 – 1 Verg 2/12

*Bei der Ausschreibung von Gebäudereinigungsleistungen muss die Glasreinigung grundsätzlich gesondert als eigenständiges Fachlos vergeben werden. Selbst wenn innerhalb der Ausschreibung die Vergabe bereits in Teillosen erfolgt, macht dies die Vergabe mittels Fachlosen nicht entbehrlich. Eine Ausnahme kann durch wirtschaftliche oder technische Gründe, nicht aber aufgrund bloßer Zweckmäßigkeitserwägungen gerechtfertigt sein. Der Auftraggeber muss Nachteile (wie den organisatorischen Mehraufwand), die mit der Losvergabe verbunden sind, grundsätzlich hinnehmen.*

- **Gesamtvergabe:** OLG Düsseldorf, Beschl. v. 23.3.2011 – VII Verg 63/10 *[ebenso: OLG Düsseldorf, Beschl. v. 11.7.2007 – VII-Verg 10/07; Beschl. v. 25.11.2009 – VII Verg 27/09]*

*Nach dem Willen des Gesetzgebers ist eine Gesamt- oder zusammenfassende Vergabe nur in Ausnahmefällen möglich. (...) Der mit einer Fachlosvergabe allgemein verbundene Ausschreibungs-, Prüfungs- und Koordinierungsmehraufwand sowie ein höherer Aufwand bei Gewährleistungen können eine Gesamtvergabe für sich allein nicht rechtfertigen. (...) Grund für eine Gesamtvergabe kann es auch sein, eine unwirtschaftliche Zersplitterung der Auftragsvergabe zu vermeiden.*

- **Losaufteilung/Berücksichtigung mittelständischer Interessen:** OLG Karlsruhe, Beschl. v. 6.4.2011, 15 – Verg 3/11

*Ausgangspunkt ist, dass es jedem Auftraggeber frei steht, die auszuschreibenden Leistungen nach seinen individuellen Vorstellungen zu bestimmen und nur in dieser – den autonom bestimmten Zwecken entsprechenden – Gestalt dem Wettbewerb zu öffnen. (...) § 97 Abs. 3 GWB zwingt nicht dazu, Lose so zuzuschneiden, dass sich jedes am Markt tätige mittelständische Unternehmen darum auch tatsächlich bewerben kann. Andererseits muss eine Losteilung dazu führen, dass mittelständische Unternehmen sich tatsächlich auch beteiligen können. (...) Der Auftraggeber hat für den Loszuschnitt somit einen Ermessensspielraum, [der nur auf Ermessensfehler hin zu überprüfen ist].*

- **Losaufteilung/Berücksichtigung von Marktteilnehmern:** OLG Düsseldorf, Beschl. v. 21.3.2012 – VII Verg 92/11

*Von Vergabenachprüfungsinstanzen ist zu beachten, dass das Vergaberecht nicht nur Bieterrechte eröffnen, sondern auch eine wirtschaftliche Leistungsbeschaffung gewährleisten soll. Der öffentliche Auftraggeber als Nachfrager hat durch seine Ausschreibungen nicht bestimmte Märkte oder Marktteilnehmer zu bedienen. Vielmehr bestimmt allein der Auftraggeber im Rahmen der ihm übertragenen öffentlichen Aufgaben den daran zu messenden Beschaffungsbedarf und die Art und Weise, wie dieser gedeckt werden soll. Am Auftrag interessierte Unternehmen haben sich darauf einzustellen.*

- **Loslimitierung:** OLG Düsseldorf, Beschl. v. 7.12.2011 – Verg 99/11

*Bei der Ausschreibung einer Lieferung von Inkontinenzartikeln kann der öffentliche Auftraggeber (hier: gesetzliche Krankenversicherung) das mit der Auftragsvergabe an ein einziges Unternehmen verbundene Risiko eines vollständigen oder teilweisen Lieferungsausfalls oder einer Lieferverzögerung durch eine Loslimitierung vermeiden.*

## V.  Nachforderung von Unterlagen

- **Inhaltliche Unvollständigkeit:** OLG Düsseldorf, Beschl. v. 27.11.2013 – VII Verg 20/13

*Nur körperlich fehlende bzw. nicht vorgelegte Erklärungen oder Nachweise dürfen nachgefordert werden, nicht aber solche, die tatsächlich vorgelegt wurden, aber inhaltlich unvollständig sind.*

- **Vervollständigung:** EuGH, Urt. v. 10.10.13 – C-336/12

*Die Nachforderung kann sich grundsätzlich nur auf eine Vervollständigung von Unterlagen beziehen (kein „neues Angebot"), die vor Ablauf der Bewerbungsfrist vorlagen und die zwingend beizubringen waren. Die Nachforderung ist dann an alle Bieter zu richten.*

## VI.  Sektorenauftraggeber

- **Hilfstätigkeiten:** OLG Düsseldorf, Beschl. v. 24.3.2010 – VII Verg 58/09

*Auch Hilfstätigkeiten für die Sektorentätigkeit fallen in Sektorenbereich.*

## VII.  Rechtsschutz (Primärrechtsschutz)

- **Antragsbefugnis:** BGH, Urt. v. 26.9.2006 – X ZB 14/06

*Es genügt, wenn der Antragsteller darlegt, dass ein Schadenseintritt durch die geltend gemachte Rechtsverletzung ursächlich geworden und nicht offensichtlich ausgeschlossen ist.*

- **Antragsbefugnis:** OLG Düsseldorf, Urt. v. 5.7.2000 – Verg 5/99

*Zur Darlegung der Antragsbefugnis ist deshalb ein Sachvortrag erforderlich, aus dem sich schlüssig und nachvollziehbar ergibt, daß durch die gerügten Vergaberechtsverstöße die Aussichten des Antragstellers auf eine Berücksichtigung seiner Bewerbung oder die Erteilung des Zuschlags beeinträchtigt worden sind oder daß die Chancen seiner Bewerbung oder die Chance auf einen Zuschlag zumindest verschlechtert worden sein können.*

- **Frist für den Nachprüfungsantrag:** EuGH, Urteil vom 28. Januar 2010 – C-406/08 – „Uniplex (UK) Ltd."

*Fristbeginn: Für den Fristbeginn ist nicht auf den Zeitpunkt des Verstoßes gegen die Vorschriften abzustellen, sondern auf den Zeitpunkt, zu dem der Antragsteller von dem Verstoß Kenntnis erlangt hat oder hätte erlangen müssen.*

*Fristenlänge: Eine nationale Bestimmung (...), nach der die Einleitung eines Verfahrens nur zulässig ist, wenn „das Verfahren unverzüglich, spätestens jedoch innerhalb von drei Monaten ... eingeleitet wird", enthält eine Unsicherheit. (...) [Eine] Ausschlussfrist, deren Länge in das freie Ermessen des zuständigen Richters gestellt ist, [ist] in ihrer Dauer nicht vorhersehbar. Somit stellt eine nationale Bestimmung, die eine solche Frist vorsieht, nicht die wirksame Umsetzung der Richtlinie 89/665 sicher.*

- **Rechtsschutz bei Erledigung:** BGH, Beschl. v. 18.2.2003 – X ZB 43/02; NZBau 2003, 293

*Ein Nachprüfungsverfahren ist auch dann möglich, wenn das Vergabeverfahren vor Antragstellung durch Aufhebung erledigt worden ist.*

- **Unverzüglichkeit der Rüge:** OLG Frankfurt, Urt. v. 16.5.2000 – 11 Verg 1/99

*Solange in einem Vergabeverfahren der Zuschlag noch nicht erteilt war, muss ein antragsbefugtes Unternehmen zwar seiner unverzüglichen Rügeobliegenheit nachkommen. Der Senat folgt der erwähnten Rspr. auch darin, dass unverzüglich (...) „ohne schuldhaftes Verzögern" bedeutet und deshalb im Regelfall von einer Obergrenze von 14 Tagen auszugehen ist.*

## VIII. Rechtsschutz (Sekundärrechtsschutz)

- **entgangener Gewinn:** BGH, Urt. v. 3.4.2007 – X ZR 19/06

*Der grundsätzlich ersatzberechtigte übergangene Bieter kann Ersatz entgangenen Gewinns nur dann verlangen, wenn er ohne den Verstoß und auch bei ansonsten ordnungsgemäßer Vergabe den Zuschlag hätte erhalten müssen.*

- **fehlende Rüge von Verfahrensfehlern:** BGH, Urt. v. 1.8.2006 – X ZR 146/03

  *Ist dem Bieter bekannt, dass die Leistungsbeschreibung fehlerhaft ist, und gibt er gleichwohl ein Angebot ab, steht ihm wegen dieses Fehlers der Ausschreibung ein Anspruch aus culpa in contrahendo auf Ersatz des Vertrauensschadens nicht zu.*

## IX. Verfahrensarten

- **Angebotsänderung im Verhandlungsverfahren:** BGH, Urt. v. 10.9.2009 – VII ZR 255/08 *[ebenso: BGH, Urt. v. 19.12.2000 – X ZB 14/00; OLG Naumburg, Urt. v. 13.5.2003 – 1 Verg 2/03; OLG Düsseldorf, Urt. v. 3.1.2005 – VII Verg 72/04; OLG Düsseldorf, Beschl. v. 5.7.2006 – VII Verg 21/06 und OLG Celle, Beschl. v. 16.1.2002 – 13 Verg 1/02]*

  *Sinn und Zweck des [Verhandlungsverfahrens] ist es, dem Auftraggeber die Möglichkeit zu eröffnen, mit den Bietern über deren (Eingangs-)Angebote und die Vertragspreise zu verhandeln, um – ggf. durch Anpassung und Fortschreibung bereits abgegebener Angebote – das entsprechend den Anforderungen der Vergabeunterlagen wirtschaftlichste Angebot zu ermitteln Dementsprechend findet § 24 VOB/A für das Verhandlungsverfahren keine Anwendung, so dass eine Änderung des Angebots, anders als in den Fällen einer öffentlichen Ausschreibung grundsätzlich möglich ist. Allerdings hat der Auftraggeber die allgemeinen vergaberechtlichen Prinzipien des Wettbewerbs, der Transparenz und der Gleichbehandlung zu beachten.*

- **Dokumentationspflicht bei Verhandlungsverfahren ohne Teilnahmewettbewerb:** BGH, Beschl. v. 10.11.2009 – X ZB 8/09; NZBau 2010, 124

  *Gründe, die die Wahl des Verhandlungsverfahrens rechtfertigen könnten, [müssen] aktenkundig [sein].*

- **Eigenerklärungen im Teilnahmewettbewerb:** OLG Düsseldorf, Beschl. v. 25.6.2014 – VII-Verg 39/13, Verg 39/13

  *siehe dazu oben unter: B./Besondere Ausführungsbedingungen/Verpflichtungserklärung zu ILO-Kernarbeitsnormen*

- **Verhandlungsverfahren:** VK Baden-Württemberg, Beschl. v. 12.1.2004 – Az: 1 VK

  *Die Verhandlungen mit den beteiligten Bietern verlaufen stets individuell und deren Gegenstand ist vertraulich zu behandeln.*

- **Zulässigkeit des Verhandlungsverfahren ohne Teilnahmewettbewerb:** EuGH, Urt. v. 15.10.2009 – C-275/08

  *Es müssen kumulativ 3 Voraussetzungen vorliegen: 1. Ein unvorhersehbares Ereignis, 2. dringliche und zwingende Gründe, die die Einhaltung der in anderen Verfahren vorgeschriebenen Fristen nicht zulassen und 3. ein Kausalzusammenhang zwischen dem unvorhersehbaren Ereignis und den sich daraus ergebenden dringlichen, zwingenden Gründen.*

- **Zulässigkeit des Verhandlungsverfahrens ohne Teilnahmewettbewerb:** OLG, Düsseldorf, Beschl. v. 28.5.2003 – Verg 10/03, VII-Verg 10/03; NZBau 2004, 175 *[ebenso: OLG München NJWE-Wettb 1996, 262]*

  *[Erlaubt ist] das Verhandlungsverfahren ohne öffentliche Vergabebekanntmachung nur unter der Bedingung, dass die Beauftragung eines anderen Lieferanten den Erwerb von Waren mit abweichenden technischen Merkmalen zur Folge hätte und diese Abweichungen zu unverhältnismäßigen technischen Schwierigkeiten beim Gebrauch führen würden. Daran fehlt es von vornherein, wenn auch ein drittes Unternehmen (rechtlich und tatsächlich) dazu in der Lage ist, den Ersatz- oder Ergänzungsbedarf zu decken und Waren zu liefern, die mit denjenigen der ursprünglichen Anschaffung identisch sind.*

## X. Verfahrensfehlerfolgen (siehe im Übrigen unter „Rechtsschutz")

- **De-facto-Vergabe:** EuGH, Urt. v. 18.7.2007, RS. C-503/04, IR 2007, 915 – „Kommission ./. Deutschland" [bestätigt durch EuGH, Urt. v. 15.10.2009, RS. C-275/08 – „Kommission ./. Deutschland"]

  *Wird ein Vertrag unter Verstoß gegen das europäische Vergaberecht ohne Durchführung eines Vergabeverfahrens abgeschlossen, so trifft den zuständigen Mitgliedstaat die Pflicht, für die Aufhebung des Vertrages zu sorgen. Hieraus folgt keine unmittelbare Nichtigkeit, jedoch kann, insbesondere bei lang laufenden Verträgen, eine Auflösung des Vertrages erzwungen werden. Entspricht der Mitgliedstaat der Verpflichtung nicht, begeht er eine Vertragsverletzung.*

- **Fehlerhafte Zuschlagskriterien:** EuGH, Urt. v. 4.12.2005 – C-448/01 „EVN und Wienstrom"

  *Die für die Vergabe öffentlicher Aufträge geltenden Vorschriften des Gemeinschaftsrechts verpflichten den öffentlichen Auftraggeber, die Ausschreibung zu widerrufen, wenn sich eine Entscheidung bezüglich eines der von ihm festgelegten Zuschlagskriterien im Nachprüfungsverfahren als rechtswidrig erweist und deshalb von der Nachprüfungsinstanz für nichtig erklärt wird.*

- **Rückforderung von Fördermitteln:** BVerwG, Beschl. v. 13.02.2013, 3 B 58/12

  *Selbst die Wahl der falschen Vergabeart kann zur Rückforderung von Fördermittel führen.*

## XI.   Verfahrensverzögerung

- **Verzögerung infolge einer Nachprüfung:** BGH, Urt. v. 22.7.2010 – VII ZR 213/08

  *Ein Zuschlag in einem durch ein Nachprüfungsverfahren verzögerten öffentlichen Vergabeverfahren über Bauleistungen erfolgt im Zweifel auch dann zu den ausgeschriebenen Fristen und Terminen, wenn diese nicht mehr eingehalten werden können und der Auftraggeber daher im Zuschlagsschreiben eine neue Bauzeit erwähnt.*

- **Verzögerung infolge eines Planfeststellungsverfahrens:** BGH, Urt. v. 25.11.2010 – VII ZR 201/08

  *Ein Zuschlag in einem durch ein Planfeststellungsverfahren verzögerten öffentlichen Vergabeverfahren über Bauleistungen erfolgt im Zweifel auch dann zu den ausgeschriebenen Fristen und Terminen, wenn diese nicht mehr eingehalten werden können und das Zuschlagsschreiben des Auftraggebers den Hinweis auf später „noch mitzuteilende exakte Fristen" enthält.*

## XII.   Vorbefassung mit der Ausschreibung

- **Ausschluss vom Vergabeverfahren bei Vorbefassung:** EuGH, Urt. v. 3.3.1995 – C-34/03 „Fabricom"

  *(...) [Der Ausschluss einer Person], die mit Forschungs, Erprobungs, Planungs- oder Entwicklungsarbeiten für Bauleistungen, Lieferungen oder Dienstleistungen betraut war, [ist nicht zulässig, wenn] ihr [nicht] die Möglichkeit gegeben wird, zu beweisen, dass nach den Umständen des Einzelfalls die von ihr erworbene Erfahrung den Wettbewerb nicht hat verfälschen können.*

## XIII.   Zuschlagskriterien

- **Änderung von Zuschlagskriterien:** BGH, Urt. v. 17.2.1999 – X ZR 101/97; NJW 2000, 137 [ebenso: EuGH, Urt. v. 12.12.2002 – C-470/99 – „Universale Bau AGA"; BGH, Urt. v. 8.9.1998 – X ZR 109/96; Urt. v. 3.6.2004 – X ZR 30/03; VK Sachsen, Beschl. v. 15.8.2002 – 1/SVK/075-02]

  *Die Berücksichtigung erst nachträglich gebildeter, aus der Ausschreibung selbst nicht hervorgehender Kriterien ist [unzulässig]. (...) [Eine Ausnahme besteht aber beim Verhandlungsverfahren; siehe hierzu unter B./Verfahrens-arten/Angebotsänderung im Verhandlungsverfahren].*

- **Einzelfallentscheidung:** OLG Düsseldorf, Beschl. v. 30.7.2009 – VII Verg 10/09

*„[...] Die Frage, in welcher Differenziertheit und Tiefe ein öffentlicher Auftrag-geber ein Bewertungssystem mit Unterkriterien und Gewichtungsregeln im Vorhinein aufzustellen hat, lässt sich nur einzelfallbezogen beantworten. [...]"*

- **Nachträgliche Festlegung von Unterkriterien:** EuGH, Urt. v. 24.1.2008 – C-532/06, IR 2008, 95

*Eine nachträgliche Festlegung von Unterkriterien, die nicht bekannt gemacht worden sind, ist unzulässig.*

- **Nachträgliche Gewichtung von Unterkriterien:** EuGH, Urt. v. 24.11.2005 – C-331/04

*Eine nachträgliche Gewichtung von Unterkriterien bekannt gemachter Zu-schlagskriterien ist unter folgenden Voraussetzungen zulässig: 1. keine Än-derung der in den Verdingungsunterlagen oder in der Bekanntmachung des Auftrags bestimmten Zuschlagskriterien für den Auftrag 2. Unterkriterien enthalten nichts, was, wenn es bei der Vorbereitung der Angebote bekannt gewesen wäre, diese Vorbereitung hätte beeinflussen können 3. keine Dis-kriminierung.*

- **niedrigster Preis:** EuGH, Urt. v. 7.10.2004 – C-247/02 „Sintesi"

*Artikel 30 der Richtlinie sieht daher in Absatz 1 die Kriterien vor, die der öf-fentliche Auftraggeber bei der Erteilung des Zuschlags anwendet, nämlich entweder ausschließlich das Kriterium des niedrigsten Preises oder, wenn der Zuschlag auf das wirtschaftlich günstigste Angebot erfolgt, verschiedene auf den jeweiligen Auftrag bezogene Kriterien, wie Preis, Ausführungsfrist, Betriebskosten, Rentabilität oder technischer Wert.*

*Artikel 30 Absatz 1 der Richtlinie ist dahin auszulegen ist, dass er einer nationalen Regelung entgegensteht, die den öffentlichen Auftraggebern für die Vergabe von öffentlichen Bauaufträgen im Anschluss an ein offenes oder nicht offenes Ausschreibungsverfahren abstrakt und allgemein vorschreibt, nur das Kriterium des niedrigsten Preises anzuwenden.*

- **wirtschaftlichstes Angebot:** EuGH, Urt. v. 4.12.2005 – C-448/01 „EVN und Wienstrom" *[ebenso: VK Bund, Beschl. v. 11.10.2002- VK1-75/02]*

  *Bei der Erteilung des Zuschlags wendet der öffentliche Auftraggeber folgende Kriterien an: (...) b) oder – wenn der Zuschlag auf das wirtschaftlich günstigste Angebot erfolgt – verschiedene Kriterien, die je nach Auftrag wechseln, z. B. den Preis, die Lieferfrist, die Betriebskosten, die Rentabilität, die Qualität, die Ästhetik, die Zweckmäßigkeit, den technischen Wert, den Kundendienst und die technische Hilfe.*

- **Zulässigkeit von Unterkriterien:** OLG Düsseldorf, Beschl. 19.6.2013, Verg 8/13

  *Bei der Ausschreibung von Löschfahrzeugen ist es nicht ausreichend, das Kriterium „Qualität" mit den Unterkriterien „technische Unterlagen", „Fahrer- und Mannschaftsraum", „Aufbau, Löschtechnik und Wartung" zu gliedern und zu gewichten.*

# D. Vergabeverfahren bei Unterschreitung der Schwellenwerte

## I. Fristen

- **ausreichende Angebotsfrist bei Bauaufträgen:** OLG Düsseldorf, Beschl. v. 28.12.2011 – Verg 73/12

  *§ 10 VOL/A sieht für die Angebotsfrist keine festen Fristen vor. Die Frist muss jedoch ausreichend bemessen sein. Ob dies der Fall ist, hängt von der Komplexität der Ausschreibung für die Bieter und der Dringlichkeit der Beschaffung für den Auftraggeber ab.*

## II. Rechtsschutz

- **Rechtsschutz vor den ordentlichen Gerichten:** BVerwGE 129, 9

  *Für Streitigkeiten über die Vergabe von öffentlichen Aufträgen mit einem Auftragswert unterhalb der in der Vergabeverordnung genannten Schwellenwerte ist nicht der Rechtsweg zu den Verwaltungsgerichten, sondern der ordentliche Rechtsweg gegeben.*

- **Zweiteilung des Rechtsschutzsystems:** BVerfGE 116, 135

  *Es verletzt nicht den Gleichheitssatz, dass der Gesetzgeber den Rechtsschutz gegen Vergabeentscheidungen unterhalb der Schwellenwerte anders gestaltet hat als den gegen Vergabeentscheidungen, die die Schwellenwerte übersteigen.*

## III. Verfahren

- **Vorrang des offenen Verfahrens:** BVerwG, Beschl. v. 13.02.2013 – 3 B 58/12

  *Eine öffentliche Ausschreibung ist jeweils nach § 3 Nr. 2 (so die alten Fassungen der Regelungswerke) oder § 3 Abs. 2 (so die Neufassungen 2009) des Teils A der VOB oder VOL die Regelvergabeart, von der abzuweichen besondere Sachgründe erfordert. Ihr Vorrang vor anderen Vergabearten verfolgt den Zweck, einen möglichst breiten und transparenten Wettbewerb zu schaffen und damit sicherzustellen, dass der im Sinne der Ausschreibung günstigste Anbieter den Zuschlag erhält.*

TEIL 10   ANHANG II: FRISTEN IM VERGABEVERFAHREN

# Teil 10   Anhang II: Fristen im Vergabeverfahren

## A.  Fristen im unterschwelligen Bereich

| | Angebotsfrist | Zuschlagsfrist |
|---|---|---|
| Bauaufträge | Mindestens 10 Tage (§ 10 Abs. 1 VOB/A) | Max. 30 Tage ab Eröffnungstermin (§ 10 Abs. 6 VOB/A) |
| Liefer- und Dienstleistungsaufträge | „ausreichende" Frist (§ 10 Abs. 1 VOL/A), wobei die Fristen in § 12 EG VOL/A als Orientierungshilfe heranzogen werden können | Wird die Zuschlagsfrist in den Vergabeunterlagen nicht bestimmt, gilt der Grundsatz des § 147 Abs. 2 BGB. Der einem Abwesenden gemachte Antrag kann nur bis zu dem Zeitpunkt angenommen werden, in welchem der Antragende den Eingang der Antwort unter regelmäßigen Umständen erwarten darf (OLG Düsseldorf, Urteil v. 19.12.1978 – Az.: 23 U 121/78). |

138

# B. Fristen im oberschwelligen Bereich („Kartellvergaberecht")

| | Bewerbungsfrist | Angebotsfrist | Zuschlagsfrist |
|---|---|---|---|
| **Bauleistungen/ offenes Verfahren** | – | Mind. 52 Kalendertage nach Absendung der Bekanntmachung (§ 10 Abs. 1 Nr. 1 EG VOB/A) bei Vorinformation Verkürzung auf mindestens 22 Tage möglich (§ 10 Abs. 1 Nr. 2 EG VOB/A) Verkürzung um jeweils 7 Tag bei elektronischer Bekanntmachung (§ 10 Abs. 1 Nr. 3 EG VOB/A) weitere Verkürzung um jeweils 5 Tage bei elektronischer Veröffentlichung der Vertragsunterlagen | Max. 30 Tage ab dem Eröffnungstermin (§ 10 Abs. 1 Nr. 9, 10 EG VOB/A) |
| **Bauleistungen/ nicht-offenes Verfahren** | Mind. 37 Tage nach Bekanntmachung (§ 10 Abs. 2 Nr. 1 EG VOB/A) Verkürzung um 7 Tage bei elektronischer Bekanntmachung (§ 10 Abs. 2 Nr. 2 EG VOB/A) bei Dringlichkeit: Verkürzung auf 15 Tage oder 10 Tage bei elektronischer Bekanntmachung möglich (§ 10 Abs. 2 Nr. 6 VOB/A) | Mind. 40 Tage nach Absendung der Aufforderung zur Angebotsabgabe (§ 10 Abs. 2 Nr. 3 EG VOB/A) Verkürzung auf mind. 22 Tage bei Vorinformation möglich (§ 10 Abs. 2 Nr. 4 EG VOB/A) weitere Verkürzung um jeweils 5 Tage bei elektronischer Veröffentlichung der Vertragsunterlagen (§ 10 Abs. 2 Nr. 5 EG VOB/A) bei Dringlichkeit: Verkürzung auf 10 Tage möglich (§ 10 Abs. 2 Nr. 6 EG VOB/A) | Grundsätzlich maximal 30 Tage (§ 10 Abs. 2 Nr. 11 VOB/A) |

| | Bewerbungsfrist | Angebotsfrist | Zuschlagsfrist |
|---|---|---|---|
| **Bauleistungen/ Verhandlungs- verfahren mit öffentlicher Vergabebe- kanntmachung** | Mind. 7 Tage nach Bekannt- machung<br><br>Verkürzung um 7 Tage bei elek- tronischer Bekanntmachung<br><br>bei Dringlichkeit Verkürzung auf mind. 15 Tage oder 10 Tage bei elektronischer Bekanntmachung<br><br>(§ 10 Abs. 3 Nr. 1 EG VOB/A) | – | Grundsätzlich max. 30 Tage ab dem Eröffnungstermin<br><br>(§ 10 Abs. 3 Nr. 1 EG VOB/A) |
| **Bauleistungen/ Verhandlungs- verfahren ohne öffentliche Vergabebe- kanntmachung** | | Auch bei Dringlichkeit<br><br>nicht mehr weniger als 10 Kalendertage<br><br>(§ 10 Abs. 3 Nr. 2 EG VOB/A) | Grundsätzlich max. 30 Tage ab dem Eröffnungstermin<br><br>(§ 10 Abs. 3 Nr. 2 EG VOB/A) |
| **Bauleistungen/ Wettbewerb- licher Dialog** | Mind. 37 Tage<br><br>Verkürzung um 7 Tage bei elektronischer Bekanntmachung<br><br>(§ 10 Abs. 4 EG VOB/A) | – | Grundsätzlich max. 30 Tage ab dem Eröffnungstermin<br><br>(§ 10 Abs. 4 EG VOB/A) |

| | Bewerbungsfrist | Angebotsfrist | Zuschlagsfrist |
|---|---|---|---|
| **Bau- und Dienstleistungen/offenes Verfahren** | – | Mind. 52 Tage ab Absendung der Bekanntmachung (§ 12 Abs. 2 EG VOL/A) Verkürzung bei Vorinformation möglich, mind. 22 Tage (§ 12 Abs. 3 EG VOL/A) Wenn die Frist für die Interessenten ausreicht und elektronischer Bekanntmachung ausreicht, dann ist eine Verkürzung um weitere 7 Tage möglich. (§ 12 Abs. 6 S. 1 EG VOL/A) | Wird die Zuschlagsfrist in den Vergabeunterlagen nicht bestimmt, gilt der Grundsatz des § 147 Abs. 2 BGB. Der einem Abwesenden gemachte Antrag kann nur bis zu dem Zeitpunkt angenommen werden, in welchem der Antragende den Eingang der Antwort unter regelmäßigen Umständen erwarten darf (OLG Düsseldorf, Urt. v. 19.12.1978 – Az.: 23 U 121/78). |
| **Bau- und Dienstleistungen/ nicht-offenes Verfahren** | (Antrag auf Teilnahme) mind. 37 Tage nach Absendung der Bekanntmachung (§ 12 Abs. 4 S. 1 EG VOL/A) Verkürzung bei Dringlichkeit auf mind. 15 Tage und mind. 10 Tage bei elektronischer Übermittlung (jeweils gerechnet vom Tag der Absendung der Bekanntmachung), § 12 Abs. 4 S. 2 EG VOL/A | Mind. 40 Tage ab Absendung der Aufforderung zur Angebotsabgabe (§ 12 Abs. 5 S. 1 EG VOL/A) bei elektronischer Veröffentlichung der Vergabeunterlagen Verkürzung um 5 Tage möglich (§ 12 Abs. 6 S. 2 EG VOL/A) bei Vorinformation Verkürzung auf 22 Tage möglich (§ 12 Abs. 5 S. 3 EG VOL/A) bei Dringlichkeit Verkürzung auf 10 Tage möglich (§ 12 Abs. 5 S. 2 EG VOL/A) | s. o. |

| | Bewerbungsfrist | Angebotsfrist | Zuschlagsfrist |
|---|---|---|---|
| **Bau- und Dienstleistungen/wettbewerblicher Dialog** | (Antrag auf Teilnahme) mind. 37 Tage nach Absendung der Bekanntmachung (§ 12 Abs. 4 S. 1 EG VOL/A) | – | s. o. |
| **Bau- und Dienstleistungen/ Verhandlungsverfahren mit öffentlichem Teilnahmewettbewerb** | (Antrag auf Teilnahme) mind. 37 Tage nach Absendung der Bekanntmachung (§ 12 Abs. 4 S. 1 EG VOL/A) Verkürzung bei Dringlichkeit auf mind. 15 Tage und mind. 10 Tage bei elektronischer Übermittlung (jeweils gerechnet vom Tag der Absendung der Bekanntmachung) § 12 Abs. 4 S. 2 EG VOL/A | – | s. o. |